Revolucione
a relação com seus filhos em 21 dias

Telma Abrahão

Revolucione
a relação com seus filhos em 21 dias

Um caminho de transformação para sair do caos e construir uma família emocionalmente saudável a partir de você

Copyright © Telma Abrahão, 2024
Copyright © Editora Planeta do Brasil, 2024
Todos os direitos reservados.

Preparação: Ligia Alves
Revisão: Wélida Muniz e Fernanda Guerriero Antunes
Projeto gráfico e diagramação: Gisele Baptista de Oliveira
Capa: Eduardo Foresti | Foresti Design

DADOS INTERNACIONAIS DE CATALOGAÇÃO NA PUBLICAÇÃO (CIP)
ANGÉLICA ILACQUA CRB-8/7057

Abrahão, Telma
  Revolucione a relação com seus filhos em 21 dias / Telma Abrahão. - São Paulo : Planeta do Brasil, 2024.
  272 p.

  ISBN: 978-85-422-2653-9

  1. Pais e filhos – Relacionamento 2. Filhos – Criação I. Título

24-1193   CDD 158.24

Índice para catálogo sistemático:
1. Pais e filhos – Relacionamento

Ao escolher este livro, você está apoiando o manejo responsável das florestas do mundo

2024
Todos os direitos desta edição reservados à
Editora Planeta do Brasil Ltda.
Rua Bela Cintra 986, 4º andar – Consolação
São Paulo – SP – 01415-002
www.planetadelivros.com.br
faleconosco@editoraplaneta.com.br

Dedico este livro aos meus grandes professores: meus filhos Lorenzo e Louise, que me mostram diariamente o caminho da evolução e da importância de me reeducar para melhor educar.

Ao meu esposo, Adriano, pelo apoio, dedicação e amor incondicional nesta incrível e desafiadora jornada de sermos treinadores e porto seguro para nossos filhos.

COMECE HOJE A MUDANÇA 8

UMA MENSAGEM ESPECIAL PARA AS
MÃES E PARA QUEM CONVIVE COM ELAS 14

dia 1   O CICLO DO APRENDIZADO 23

dia 2   OS QUATRO PILARES QUE IMPACTAM
O COMPORTAMENTO DO SEU FILHO 33

dia 3   SEU FILHO NÃO QUER TE TESTAR 53

dia 4   DIGA ADEUS AO GIGANTE DA FAMÍLIA 69

dia 5   REGULAÇÃO E CORREGULAÇÃO:
A CHAVE DO SUCESSO DAS RELAÇÕES 77

dia 6   A SOBRECARGA E O
ESGOTAMENTO PARENTAL 89

dia 7   O PODER DA AUTOCOMPAIXÃO 99

dia 8   COMBATENDO O VÍCIO EM TELAS 107

dia 9   VOCÊ QUER UM FILHO OBEDIENTE
OU UM FILHO QUE SAIBA PENSAR
E TOMAR BOAS DECISÕES? 127

dia 10   DESENVOLVENDO A
EMPATIA NO SEU FILHO 137

dia 11   ENTENDENDO O IMPACTO
DE SUA NARRATIVA DE VIDA **145**

dia 12   *BLOCKED CARE*: O BLOQUEIO
NO CUIDADO DOS FILHOS **157**

dia 13   JOGANDO NO MESMO
TIME DO SEU PARCEIRO **165**

dia 14   O PODER DE ESCUTAR COM ATENÇÃO **173**

dia 15   GRITOS CONSTANTES
CONFIGURAM ABUSO EMOCIONAL **183**

dia 16   LIDANDO COM OS DESAFIOS NA HORA
DE COLOCAR OS FILHOS PARA DORMIR **191**

dia 17   BRIGAS ENTRE IRMÃOS: COMO LIDAR? **201**

dia 18   POR QUE MEU FILHO MENTE? **213**

dia 19   CUIDAR DE VOCÊ VAI AJUDAR
A CUIDAR DO SEU FILHO **241**

dia 20   REPARE OS DANOS **249**

dia 21   QUEBRE O CICLO! **255**

           NOTAS DE FIM **264**

           BIBLIOGRAFIA **268**

COMECE HOJE A MUDANÇA

Minha filha caçula foi a responsável por eu estar aqui ajudando e transformando a vida de milhares de famílias pelo mundo. Eu não a entendia. Gritava com ela todos os dias, a chamava de "terrível" e achava que era ela que tinha de mudar.

E a verdade é que não nascemos sabendo educar: esta é uma tarefa desafiadora e que precisa começar de dentro para fora.

Para educar, precisamos SER. Ser o exemplo, ser o modelo, ser o norte, ser a luz que iluminará a estrada que nossos filhos percorrerão durante toda a infância.

Mas não sabemos fazer isso por instinto, precisamos aprender a usar a razão para lidar com a emoção, o que nos exige treino e dedicação para desenvolver importantes habilidades que ainda não temos, pois, assim como as crianças, os pais também precisam de treinamento para aprender novas formas de agir.

E precisei passar por esse processo para mudar meus padrões e, hoje, poder ajudar você a fazer o mesmo. Eu já fui uma mãe que gritava, ameaçava, dava tapas e que vivia inundada no caos, no descontrole e na culpa. Ia dormir triste todos os dias porque queria ser uma boa mãe e não sabia como.

Que bom que escolhi mudar e que dediquei tempo para aprender o que não sabia sobre o comportamento dos meus filhos. Depois que vivi essa transformação, nunca mais parei de falar do assunto. Porque esse é um caminho necessário, que muda vidas e do qual não há volta.

Assim, pensando sobre como resumir de forma rápida e prática os principais aprendizados que me ajudaram a sair do caos e encontrar mais leveza na maternidade e compreensão sobre o comportamento desafiador dos meus filhos, cheguei à ideia de escrever este livro.

Aqui, você encontrará não apenas dicas práticas e valiosas, mas também muito embasamento científico distribuído em 21 novas maneiras de pensar, agir e olhar para o seu comportamento e o do seu filho. Após esses 21 dias mergulhando na compreensão dos padrões que o mantêm preso em um ciclo de caos e dor, você finalmente terá a oportunidade de mudar suas lentes e sua forma de enxergar os desafios que surgem em seu caminho.

Entre os mamíferos, somos a espécie cujo cérebro demora mais tempo para amadurecer. O filhote do elefante, o do cavalo e os de outras espécies nascem e, em poucos minutos, já estão correndo atrás de suas mães.

Não somos assim. Demoramos muito para aprender a andar e correr. Nascemos sem falar, sem raciocinar e totalmente dependentes do cuidado dos pais para sobreviver. Diferentemente do que acontece com outras espécies de mamíferos, o córtex pré-frontal humano, aquela parte pensante do cérebro, leva mais de duas décadas para atingir pleno amadurecimento.

Mesmo assim, é comum os pais acreditarem que os filhos nascem sabendo pensar, manipular e arquitetar planos contra seus cuidadores. Muitos me escrevem desesperados, usando frases como "Meu filho está fazendo birra para me testar", "Minha filha chora para me manipular; ela faz isso de propósito".

A neurociência avançou muito nos últimos anos, e hoje sabemos que a parte do cérebro responsável por raciocinar e agir de modo intencional só começa a amadurecer por volta dos 4 anos. Não é que esteja pronto nessa época, ele começa a apresentar sinais de desenvolvimento cognitivo nessa idade e o processo só termina após vinte anos de vida.

Por essa razão, uma criança pequena não tem como agir de modo proposital e racional. Ela age movida pelos instintos de sobrevivência e se expressa como pode.

Além disso, as crianças não têm a capacidade de controlar seus impulsos. Essa função executiva, que se chama controle inibitório, também leva muitos anos para se desenvolver. Isso explica por que vemos meninos e meninas se jogarem no chão ou baterem em si mesmos e nos outros em momentos de raiva, frustração e estresse. As crianças agem dominadas pelas emoções e precisam da ajuda de um adulto para se acalmar, já que sozinhas ainda não conseguem. Chamamos de autorregulação a capacidade de lidar com as próprias emoções, assuntos estes que serão abordados ao longo deste livro.

"Mas, Telma, como não gritar ou bater no meu filho quando repito mil vezes a mesma coisa e ele não me obedece?"

Eu sei, é desafiador. E muitas vezes aguentamos até um certo limite, e, depois de tanta pressão, gritamos e explodimos, numa tentativa desesperada de liberar o estresse. Quase como um pedido de socorro mesmo. E quantos motivos existem para isso, não é mesmo? Sobrecarga mental, carência de ter uma rede de apoio, despreparo emocional, acúmulo de tarefas, crianças pedindo atenção o tempo todo. Uma lista infindável de motivos para explodir.

Na mesma medida em que você grita e se descontrola, acumula angústia, culpa e arrependimento. Eu te entendo, já fui exatamente assim!

É EXTREMAMENTE IMPORTANTE BUSCARMOS CONHECIMENTO PARA EDUCAR, PARA SAIR DO CAOS E CONSTRUIR UMA BASE FORTE, UMA RELAÇÃO EMOCIONALMENTE SAUDÁVEL COM NOSSOS FILHOS.

Sim, temos muitos motivos para gritar. Não culpo você por isso, mas não posso apoiar sua decisão de continuar agindo assim. Foi por isto que escrevi este livro: para mostrar um novo caminho.

É extremamente importante buscarmos conhecimento para educar, para sair do caos e construir uma base forte, uma relação emocionalmente saudável com nossos filhos.

Lembre-se de que você é o adulto dessa relação. Não leve o comportamento do seu filho para o lado pessoal. Ao contrário disso, use os momentos desafiadores para ensinar e desenvolver importantes habilidades.

Estou falando de habilidades como escutar o outro, ter empatia, esperar a vez, respeitar o próximo. Trabalhar para obter soluções é algo que só pode ser feito com repetição, treinamento, amadurecimento do cérebro e, principalmente, sendo um modelo para os comportamentos que você espera dos seus filhos.

Ao longo deste livro, você vai aprender a sair do lugar de pai ou mãe ditador para se tornar um treinador. E, para isso, você vai precisar, em primeiro lugar, desenvolver em si mesmo as habilidades que deseja ver em seu filho.

==Não há como plantar sementes de amora e esperar colher maçãs. A mudança precisa começar em você.==

UMA MENSAGEM ESPECIAL PARA AS MÃES E PARA QUEM CONVIVE COM ELAS

Se você é pai e está lendo este livro, fique tranquilo, ele também é para você. Você é fundamental nessa jornada como pai e também como companheiro da mãe. Ela precisa de você para desempenhar bem o seu papel. Precisa do seu apoio, do seu amor, da sua compreensão.

Todos nós temos mães ou convivemos com mães. Ao longo desta leitura, você também vai compreender a importância de apoiarmos as mães. Sem julgamentos, sem críticas, sem comparações.

Se você é mãe, eu quero começar te abraçando e dizendo que sei como você se sente. Talvez perdida, confusa ou tentando tudo o que sabe para lidar com os desafios comportamentais dos seus filhos. Talvez indo dormir triste, com sentimentos de culpa ou até mesmo com vontade de sumir do mapa. Frustrada, talvez, por não conseguir ser a mãe que gostaria de ser. Sim, eu sei como você se sente. Já estive no seu lugar. E nesse lugar não tem só amor, também tem dor.

Meu objetivo com este livro é ajudar você a sair desse lugar muitas vezes tão solitário e difícil. Que bom que hoje temos conhecimento para mudar nossos padrões e aprender a fazer diferente.

Também podemos desenvolver novas habilidades emocionais e lidar de diferentes formas com o estresse, além de aprender maneiras mais positivas de nos relacionarmos conosco e com o outro. E é isso que você vai ver ao longo destes 21 dias.

Antes de seguirmos, porém, precisamos falar dessa dor. Poucas pessoas têm coragem de assumir, mas maternar também dói.

Dói ficar sem dormir.

Dói o medo de errar.

Dói não saber como agir.

Dói querer um ombro empático para desabafar, mas só encontrar julgamento.

Dói o receio da opinião dos outros.

Dói chorar em silêncio pela sobrecarga mental que uma mulher é capaz de carregar. E essa dor precisa ser vista, compreendida, validada e apoiada em vez de julgada. Por todos, não somente pelas mães.

Que mãe nunca ouviu frases desse tipo de outra mãe?

- *Uau! Que linda essa foto! Esperando seu segundo, né?*
- *Ah! Que sorte fazer o enxoval nos Estados Unidos!*
- *Vai ter parto normal ou cesárea?*
- *Quer mais filhos?*
- *Quando chega o segundo? Um só é pouco.*
- *Em qual escola você vai matricular sua filha?*
- *Com que idade você vai tirar a fralda?*

Acho natural que as pessoas tenham esse tipo de curiosidade com a maternidade alheia, afinal, esse é um desafio mesmo, por vezes solitário e cheio de incertezas. Poder falar com outras mães traz um sentimento de pertencimento. O que não acho natural é nunca ter escutado de outra mulher a pergunta mais importante de todas: "Sabia que ser mãe também dói?".

Ficava me perguntando por que será que as pessoas não falam sobre isso.

Se entrarmos em qualquer rede social, vamos ver milhares de fotos de barrigas maravilhosas, quartos de bebês decorados, crianças lindas e felizes brincando com os irmãos.

É raro ver mulheres falando umas para as outras sobre o medo, a incerteza e a exaustão que muitas enfrentam secretamente. Eu queria que isso fosse aceito, normalizado, e não julgado.

Lembro de me sentir mal, culpada e solitária por ter sentimentos de angústia, insegurança e até mesmo de raiva pelo comportamento dos meus filhos, sem ter ninguém, absolutamente ninguém, como apoio nos momentos mais complicados. Eu tentava conversar com mulheres mais velhas ou mais experientes, contar um pouco mais sobre o desespero que me oprimia em determinados momentos por ser mãe de duas crianças pequenas e ainda não compreender bem o comportamento infantil.

Tudo o que eu queria era um ombro acolhedor, alguém para me ouvir, me apoiar – sem me julgar. Afinal, nos sentirmos mal, cansadas e sem saber como agir com os filhos diante de choros e birras não quer dizer que não os amamos, mas, sim, que esse é um papel angustiante para grande parte das mulheres.

E sabe o que eu costumava ouvir quando desabafava?

- *Ah, Telma, seus filhos são lindos, saudáveis, você tem tudo de que precisa na vida. Está reclamando do quê?*
- *Eu criei quatro filhos e foi maravilhoso. Você só tem dois, é bem mais fácil.*
- *Isso é pecado, você deveria agradecer.*

Quando escutava essas frases de outras mães, eu pensava: *Meu Deus, sou um fracasso como mãe. Por que todas elas conseguiram ser boas nisso, e eu, não?*

A verdade é que o sentimento de impotência aumentava, e a solidão, também. Isso porque comecei a guardar aquela dor só para mim, o que aumentou muito meus sentimentos secretos de fracasso.

Antes de seguirmos com esta conversa, deixe-me falar uma coisa importante: não estou aqui reclamando, mas descrevendo parte da jornada que vivi no meu processo de aprendizado como mãe, que, aliás, mesmo sendo dolorida, também foi cheia de amor, transformação e me trouxe até aqui, para este lugar de apoio a outras tantas mães e pais.

O que me trouxe até aqui foi a minha verdade. Foi ter a coragem necessária de falar sobre assuntos difíceis. Aquelas coisas que incomodam e que quase sempre preferimos jogar embaixo do tapete e fingir que não existem porque temos medo do julgamento alheio, porque as pessoas ao nosso redor não nos compreendem ou até mesmo porque não temos conhecimento das nossas próprias limitações emocionais.

Eu podia não saber como lidar com aquela dor, mas não conseguia ignorá-la. Queria compreendê-la. Ela gritava dentro de mim, e eu precisava entender o que aquelas emoções turbulentas queriam me dizer.

As coisas começaram a piorar quando minha segunda filha nasceu. Meu mundo virou uma loucura. É que a diferença de idade entre meus filhos é de apenas um ano e seis meses. Foi por opção, desejei muito ter um seguido do outro, mas, de repente, eu era mãe de dois bebês. E assim, de mãe dedicada e aprendiz com o primeiro filho, me tornei uma mãe sobrecarregada emocionalmente e que não aguentava a pressão de cuidar de dois filhos pequenos ao mesmo tempo.

Perdi a referência de quem eu era e passei a viver na intensa gangorra de me dedicar ora a um filho, ora ao outro, ora a ambos. Quando eles choravam ou faziam birra, eu não sabia como agir, então gritava e ameaçava. Eu acreditava que era assim que se educava. Isso acontecia pela cobrança interna da perfeição, pois eu não queria errar. Queria ser uma mãe "perfeita", assim como aquelas muitas que me aconselhavam sobre como agir.

As falas comuns dessas mulheres que me pareciam seguras de suas atitudes como mães ecoavam em minha mente.

> Se você não bater nessa criança agora, ela vai bater na sua cara mais tarde.
> Criança não tem que querer nada não, quem manda aqui sou eu.
> Para de pegar esse menino no colo. Colo mima e estraga!
> A vida é dura, precisa ensinar isso desde pequeno.

O problema é que seguir esses conselhos tinha transformado minha vida de mãe em um verdadeiro caos. Cada grito, cada tapa na mão que eu dava faziam um choro que deveria durar cinco minutos durar quarenta. Aquilo partia meu coração no meio, me deixava mais desesperada, mas eu ficava firme, porque queria criar crianças "de bem".

Um dia, no meio do caos, simplesmente parei para me questionar. Estava claro que nada daquilo que eu escutava ou havia aprendido com os conselhos dos mais velhos estava funcionando.

Eu pensava: *Isso não pode estar certo. Será que ninguém percebe que agir com agressividade simplesmente gera o caos? Não é possível que outros pais convivam bem com isso e consigam ter uma família feliz e emocionalmente saudável agindo assim.*

Passei a refletir o tempo inteiro sobre isso. Vivia os meus dias em busca de respostas para compreender meu comportamento e o dos meus filhos. Nessa época, já morávamos aqui nos Estados Unidos, e era mãe de uma criança de 2 anos e outra de 3, dona de casa em período integral e sem nenhuma ajuda.

Tudo era difícil. Dar banho, trocar de roupa, dar comida, nada acontecia de maneira tranquila, as coisas sempre envolviam choro e caos. Um dia, meu marido chegou do trabalho e me encontrou chorando.

Ele perguntou: "O que está acontecendo aqui?". Nesse momento, um raio de consciência me atingiu e eu respondi: "Ou eu aprendo a lidar com as crianças ou vou fracassar como mãe. Não consigo mais viver assim".

ESTAMOS PRESAS
EM UMA ZONA DE
CONFORTO NADA
CONFORTÁVEL
DE AGIR SEMPRE DA
MESMA MANEIRA,
POIS ISSO DEMANDA
MENOS ESFORÇO
DO QUE MUDAR.

Eu não tinha nem um pouco de orgulho da mãe que era. Só reagia aos comportamentos desafiadores dos meus filhos, sem entender que na verdade eles estavam me mostrando que era eu que precisava mudar. Afinal, a adulta com o cérebro maduro naquela relação era eu.

A maternidade traz a oportunidade de mergulharmos em nós mesmas para compreender tudo aquilo que vivemos desde o início da vida, ressignificar nossa história e entender as diferentes camadas que se manifestam em nosso comportamento.

Nesse caminho, os filhos são grandes espelhos que refletem nossas dificuldades, fraquezas e a falta de habilidades emocionais que não desenvolvemos por diversos motivos – na maioria das vezes, por não termos recebido educação emocional dos pais, por estarmos correndo demais sem prestar atenção a nossas atitudes repetidas e impulsivas, por preferirmos culpar o outro pelos nossos problemas em vez de assumir a responsabilidade pela mudança. Estamos presas em uma zona de conforto nada confortável de agir sempre da mesma maneira, pois isso demanda menos esforço do que mudar.

A questão é que podemos mudar de emprego, de parceiro, de amizades, de casa, de cidade. Alguma coisa está incomodando? Mais fácil fugir do que resolver. Mais fácil cortar relações do que aprender a se relacionar de novas maneiras. Mais fácil gritar do que se educar emocionalmente.

Mas e quando temos filhos? Como fugir de nós mesmas?

Simplesmente não dá. O "espelho" fica apontado para nós pelos nossos filhos, e isso dói. Dói sair da zona de conforto, dói levantar o tapete para limpar a sujeira acumulada ao longo de tantos anos. Dói reconhecer que a mudança precisa começar em nós, e não no outro. Mas é uma dor que liberta.

É uma descoberta que nos coloca como protagonistas da nossa própria história, e não mais como vítimas de um destino injusto ou malvado. Reconhecer que podemos mudar nossos padrões e entender que não somos responsáveis pela programação que recebemos na infância, mas que, como adultas, somos totalmente responsáveis por mudá-las é muito libertador.

Milhares de mães chegam ao meu perfil do Instagram diariamente me pedindo ajuda. Elas sofrem e convivem com um grande desejo de consertar e mudar seus filhos. Quando leio as mensagens, penso: *Já estive nesse lugar um dia e sei como dói*. O que essas mulheres ainda não sabem é que a dor existe justamente pela vontade de mudar o outro. Por querer controlar o comportamento do outro.

==A verdade é que só podemos controlar o nosso próprio comportamento.== Quando compreendemos isso, metade do sofrimento se dissipa. Assumir o controle de nossos pensamentos e atitudes nos coloca em uma posição de responsabilidade, em uma posição de adultas que precisam tomar decisões, e que sabem assumir as consequências das próprias atitudes, sejam elas boas ou ruins.

Arcar com as consequências das nossas escolhas é certamente muito mais prazeroso do que permanecer paralisada pela culpa, sem ação e sofrendo como vítima da vida. Como adultas, cabe a nós assumir a direção do lugar aonde queremos chegar.

Parabéns por decidir aprender o que ainda não sabe sobre si e o comportamento dos seus filhos. Prepare-se para um grande mergulho dentro de você, provavelmente um dos mais importantes no seu papel como pai ou mãe.

O CICLO DO APRENDIZADO

Aprender novas maneiras de agir pode ser desafiador, afinal sair da zona de conforto nem sempre é fácil. Na verdade, eu já disse aqui que a zona de conforto pode ser nada confortável, e talvez essa sensação amarga tenha sido exatamente o que fez você chegar até esta página do livro.

Na chamada zona de conforto as atitudes são sempre as mesmas, automáticas e inconscientes. É mais fácil seguir agindo no modo padrão, agindo mecanicamente e sem pensar, do que construir habilidades que ainda não temos.

Compreender a importância de se abrir para sair desse lugar é essencial para que ocorram mudanças reais na relação com o seu filho. Einstein dizia que é insano agir sempre da mesma maneira e esperar resultados diferentes.

Mas como aprender novas formas de agir e reagir sem buscar conhecimento?

Quando reconhecemos que não nascemos sabendo educar e que, sim, precisamos aprender e desenvolver muitas habilidades que ainda não temos, um novo caminho se abre, com novas possibilidades, nessa desafiadora jornada de se reeducar para melhor educar e deixar seres humanos melhores neste mundo.

A questão é que qualquer nova habilidade que você desejar adquirir deverá ser treinada, tanto em você quanto em seu filho. E isso quer dizer que, para mudar padrões automáticos e repetitivos, passaremos pelo ciclo do aprendizado.

Esse ciclo tem quatro etapas:

Etapa 1 – Inconscientemente incompetente.
Etapa 2 – Conscientemente incompetente.
Etapa 3 – Conscientemente competente.
Etapa 4 – Inconscientemente competente.

Calma! Em poucos minutos você vai entender como é passar por cada uma dessas etapas.

Lembra quando você se matriculou na autoescola para aprender a dirigir? Provavelmente na primeira aula você se sentou no banco do carro, duvidando de que conseguiria tirá-lo dali. Colocou o cinto, arrumou os retrovisores, pensou muitas vezes antes de pisar na embreagem para engatar a primeira e, quando conseguiu fazer tudo isso, pensou: *Meu Deus, essas coisas pareciam tão fáceis... Como posso estar aqui com tanta dificuldade para seguir tantas instruções de uma vez?*

A etapa 1 do ciclo do aprendizado é bem assim: quando você nem sabe que não sabia, mas de repente percebe que ficar vendo os outros dirigir não confere a você nenhuma habilidade instantânea. É a fase do inconscientemente incompetente, quando você nem sabia que não sabia.

Então, você descobre que não sabia e toma consciência de que vai ter que se esforçar para seguir todas as instruções sem bater no carro em ninguém. E essa é a etapa 2. Você tomou consciência de que é incompetente e de que terá que treinar muito mais para chegar aonde deseja.

De repente, depois de sete dias dirigindo, você já aprendeu a trocar marchas com mais rapidez, não arranha mais a embreagem e se sente mais confiante para circular por lugares mais movimentados. Agora você já está na etapa 3. Percebeu que é capaz e que consegue dirigir. Nessa etapa, você está conscientemente competente, mas ainda deseja chegar à última etapa.

A etapa 4 é aquela em que você já não precisa mais pensar no que fazer para dirigir. Você troca marchas, olha no retrovisor, liga as setas e faz tudo isso simultaneamente e de maneira automática, pois essa habilidade foi aprendida e dominada por você. Você se tornou inconscientemente competente, ou seja, não precisa mais pensar para dirigir; tudo flui de modo automático e inconsciente.

Isso se chama neuroplasticidade cerebral, que é a capacidade que o cérebro humano tem de apreender novas habilidades em qualquer tempo da vida, mas quanto antes melhor.

Você deve estar se perguntando: "Mas, Telma, o que a autoescola e a neuroplasticidade cerebral têm a ver com a educação de filhos?".

E eu respondo: tem tudo a ver, porque para aprender e desenvolver todas as habilidades que vou te ensinar ao longo deste livro, você precisará passar por esse processo e bem mais de uma vez.

A vantagem de saber disso é que você adquire um aprendizado importante já nas primeiras páginas. Se você passa por esse processo como um adulto, imagine o seu filho, que, sendo criança ou adolescente, ainda tem o cérebro imaturo e em pleno amadurecimento.

Tomar consciência disso fará você ter mais empatia e compaixão, mostrando que não existe perfeição quando falamos de relacionamentos humanos, mas existe, sim, um constante processo de aprendizado. Ouso dizer que é um processo diário e eterno, pois enquanto houver vida teremos muito para descobrir e evoluir.

QUANDO RECONHECEMOS QUE NÃO NASCEMOS SABENDO EDUCAR E QUE, SIM, PRECISAMOS APRENDER E DESENVOLVER MUITAS HABILIDADES QUE AINDA NÃO TEMOS, UM NOVO CAMINHO SE ABRE, COM NOVAS POSSIBILIDADES, NESSA DESAFIADORA JORNADA DE SE REEDUCAR PARA MELHOR EDUCAR E DEIXAR SERES HUMANOS MELHORES NESTE MUNDO.

Quando os pais não compreendem o comportamento dos filhos

Bernardo, de 6 anos, costumava irritar profundamente seu pai com suas atitudes. Bruna e Vitor, pais do menino, sentiam-se completamente perdidos e não compreendiam determinados comportamentos do filho.

Bernardo era chamado de capeta pelo pai. Ele nem sabia o que significava essa palavra, mas compreendia que não era algo positivo e sentia a rejeição.

Em menos de vinte e quatro horas, Bernardo virou sem querer o seu copo com suco de laranja na mesa de jantar enquanto fazia a refeição, foi advertido na escola por ter se envolvido em uma briga de tapas com um colega, engasgou feio durante o café da manhã, deixou cair o sabonete dentro do vaso sanitário enquanto lavava as mãos, prendeu o dedo na porta do quarto quando foi dormir e fez xixi na calça antes de entrar no transporte escolar.

"Mas o que está acontecendo com Bernardo?", Bruna se fazia essa pergunta todos os dias. Vitor simplesmente se sentia na obrigação de "educar" o filho. Educar significava dar um puxão de orelha nele, apontar o dedo no rosto de Bernardo, com uma fala dura, deixá-lo de castigo no quarto, isolado por horas a fio. Essas eram as atitudes de Vitor diante dos comportamentos desafiadores do filho.

Aonde isso iria parar? Qual o destino dessa relação familiar? Como avaliar o sofrimento de Bernardo, Vitor e Bruna? Esse caso teria solução? A dinâmica familiar estava automatizada, e se instalou uma forma enrijecida de olhar para a criança: "Esse menino precisa mudar".

Vitor não estava conseguindo educar o filho. O distanciamento se instalou em uma velocidade desenfreada, gerando insegurança e profunda tristeza, uma sensação de rejeição e falta de compreensão em Bernardo. Mas ele não conseguia expressar isso em palavras, somente por atitudes; afinal, ainda era muito novo para compreender os próprios sentimentos.

Vitor e Bruna decidiram buscar todas as formas de conhecimento e ajuda especializada para lidar com Bernardo, e marcaram algumas sessões de orientação parental comigo.

Durante os encontros, Vitor percebeu que seus traumas de infância o estavam afastando do filho. Ele não havia recebido afeto do pai quando criança, e, mesmo isso tendo causado uma grande dor emocional em sua vida, estava inconscientemente repetindo o mesmo padrão com o filho.

Vitor estava preso em uma zona de conforto nada confortável, agindo no modo automático e sem pensar sobre suas atitudes. Com a tomada de consciência que alcançou durante nossas conversas, ele passou a refletir sobre suas ações e a treinar novas formas de agir para se tornar um pai mais compreensivo e disponível emocionalmente para o filho.

A partir dessa decisão, conseguiu dar grandes passos na relação com Bernardo: mostrou-se mais aberto e menos crítico e começou a vigiar suas atitudes para não agir com a agressividade e a impulsividade tão comuns antes.

Esse pai começou a desenvolver a empatia e a ter um olhar afetuoso para o filho, que tanto pedia e desejava sua atenção. Vitor passou a tirar todos os dias, após o trabalho, um tempo para ficar junto de Bernardo e, em poucas semanas, as mudanças foram notáveis. Bernardo estava mais calmo, mais feliz e parou de bater nos amigos da escola.

O que ele buscava na verdade era atenção e afeto de seus pais; como não recebia nada disso de forma positiva e proativa, acabava buscando do jeito que conseguia, comportando-se mal, mas chamando a atenção dos adultos, pois, mesmo que de modo inconsciente, essa atenção negativa era melhor do que nada.

❋ ❋ ❋

Agora, escreva a seguir três padrões que você gostaria de mudar e as atitudes que passará a ter a partir de hoje para desenvolver as habilidades que deseja.

Padrões que desejo mudar:

1. ....
....
....
....
....

2. ....
....
....
....
....

3. ....
....
....
....
....

Atitudes que vou tomar para construir as novas habilidades que desejo:

1. ....
....
....
....

2. ....
....
....
....
....

3. ....
....
....
....
....

❋ ❋ ❋

E lembre-se da sábia frase de Einstein: "Insanidade é agir sempre da mesma maneira e esperar resultados diferentes".

OS QUATRO PILARES QUE IMPACTAM O COMPORTAMENTO DO SEU FILHO

Imagine um iceberg. De dentro de um navio, só conseguimos ver a parte que está acima da água, mas o iceberg é ainda maior nas profundezas do mar. O problema é que os nossos olhos não conseguem ver, e essa foi a causa do naufrágio do *Titanic*. Quando o comandante avistou o iceberg, não imaginava que sua extensão era tão grande a ponto de rasgar o casco do navio e não foi capaz de evitar a tempo a tragédia.

O mesmo acontece com os pais que não compreendem a origem dos desafios comportamentais de seus filhos. Eles acabam vivenciando o caos e muitas vezes afundam seus barcos no meio de tanta luta, brigas e discussões diárias.

Precisamos compreender que os oito bilhões de habitantes deste planeta têm necessidades básicas que precisam ser compreendidas e atendidas. As principais são as necessidades físicas, as emocionais e as de segurança física e emocional. E, além dessas necessidades básicas humanas, existe ainda a necessidade de compreender que nascemos com um cérebro imaturo.

Primeiro pilar: necessidades físicas

Desde o nascimento, essas necessidades estão lá, gritando para serem vistas e compreendidas. O bebê se comunica como pode para expressá-las, então chora quando sente fome e precisa mamar, chora quando sente frio e precisa de calor e aconchego, chora quando sente sono e precisa ser acariciado para se acalmar e dormir.

Alimentação, proteção e os cuidados de nossos pais são essenciais para garantir nossa sobrevivência, e a isso damos o nome de necessidades físicas.

O que precisamos entender como pais é que as crianças não sabem expressar, por meio da fala, o que sentem, por isso choram ou se comportam "mal" para demonstrar que estão com fome, com dor de barriga, com sono ou precisando descansar.

Até mesmo os adultos ficam com o humor alterado quando estão com fome ou cansados, imagine uma criança. E, muitas vezes, entender esses sinais é importante para evitar que os pais tenham comportamentos agressivos e raivosos nesses momentos.

1. Tenha uma rotina para a hora da alimentação

As crianças precisam de rotina para se sentirem seguras. Saber o que vem em seguida as ajuda a ficar menos ansiosas com o que vem pela frente. Uma criança com fome se comporta mal, chora mais, se angustia mais e colabora menos.

Ter um horário para as refeições principais é muito importante. Uma criança que se alimenta em horários regulares se sente melhor e, portanto, se comporta melhor. Sentir fome tira o humor até de um adulto, imagine de uma criança que ainda não sabe regular as próprias emoções.

Sabemos que nem sempre é possível manter horários, mas tente cumprir essa meta o máximo que puder, e verá como esse hábito vai fazer bem à sua família.

Estabelecer um horário fixo para as principais refeições da família vai fazer bem para a saúde de todos vocês, afinal pessoas bem alimentadas também têm o humor melhor.

Se a rotina está muito corrida e falta tempo, você pode deixar o jantar preparado com antecedência ou congelar as sobras sempre que possível. Isso lhe dará mais tempo livre no fim do dia com as crianças.

2. Tenha uma rotina para a hora do sono

Dormir bem é uma necessidade física que impacta profundamente o comportamento humano, sobretudo o das crianças.

Quando uma criança não dorme a quantidade de horas suficientes para sua idade, ela já acorda cansada, indisposta e de mau humor. Começar o dia assim afeta o ânimo dos pais também, pois eles ficam mais suscetíveis a perder a paciência e a viver o caos logo no início da manhã.

No final do dia, deixem o celular e as telas de lado pelo menos uma hora antes do horário de ir para a cama, pois as luzes das telas atrapalham a qualidade do sono. Conecte-se emocionalmente com os seus filhos, leiam uma história juntos ou façam algo que os aproxime. Isso gera conexão e segurança, o que deixa a criança mais calma e mais suscetível a dormir tranquila.

Depois de ajustar o horário de sono das crianças, faça o mesmo por você. Desligue o celular mais cedo, dedique-se a uma leitura relaxante, tome um banho com calma e descanse. Estar com o sono em dia é um fator decisivo que impactará diretamente no seu comportamento e no de seu filho.

> **DICAS PARA VOCÊ DORMIR MELHOR E DIMINUIR O ESTRESSE**
> 1. Tenha disciplina para ir dormir mais cedo e de preferência sempre no mesmo horário. Isso lhe dará mais horas de descanso, e na manhã seguinte você estará mais calmo para começar o dia e se relacionar com seu filho com maior disposição.
> 2. Acorde uma hora mais cedo que as crianças para ter tempo de tomar seu café com calma, se arrumar com tranquilidade e se preparar para as atividades do dia.

Segundo pilar: necessidades emocionais

Depois que temos nossas necessidades de alimento, sono e proteção atendidas, precisamos preencher as necessidades emocionais humanas de pertencimento, atenção positiva, senso de utilidade, capacidade e conexão.

Crianças que não recebem suficiente atenção positiva de forma proativa podem acabar se comportando mal na tentativa de receber a atenção de que tanto precisam, mesmo que de forma negativa. ==Inconscientemente, elas percebem que, quando se comportam mal, papai e mamãe largam tudo que estão fazendo para lidar com o problema ou com o choro, mas raramente se aproximam quando a criança está brincando tranquila ou se comportando bem.== Então, a associação que fica é: "Quando me comporto mal, eu consigo atenção". Isso acaba reforçando negativamente um determinado comportamento.

Todos nós precisamos nos sentir parte de uma família, queremos ser vistos e bem-vindos. Além disso, temos a necessidade de nos sentirmos úteis e capazes. Já percebeu como as crianças, mesmo as pequenas, gostam de ajudar e contribuir?

Essa é uma necessidade humana, e nos ajuda a desenvolver a autonomia, o senso de capacidade e principalmente a autoestima. O que tende a acontecer com adolescentes e adultos que não se sentem úteis? Eles se deprimem, porque ser capaz, produtivo e útil é uma das necessidades básicas humanas.

Isso explica por que pais superprotetores criam filhos inseguros e com dificuldade de serem autônomos e independentes mesmo depois que crescem. Esses indivíduos não tiveram a oportunidade de aprender a fazer, de experimentar, de errar e acertar. Excessivamente protegidos, foram poupados de experiências relevantes que os ajudariam a desenvolver as habilidades necessárias para confiar em sua própria capacidade. Precisamos sempre nos lembrar da famosa frase de Matthew L. Jacobson que diz "por trás de crianças que confiam em si mesmas existem pais que confiaram nelas primeiro".

Outro ponto importante aqui é que somos a espécie de mamífero que mais demora para se tornar independente, pois nascemos com um cérebro imaturo e que leva quase duas décadas para amadurecer. Isso significa que desde pequenos buscamos autonomia e pertencimento, mas não confunda isso com independência.

Quando pequenos, dependemos dos nossos pais para termos nossas necessidades emocionais e físicas atendidas. Vamos desenvolvendo o senso de capacidade e utilidade conforme crescemos, mas isso não nos torna independentes. Só podemos ser independentes quando nos tornamos adultos capazes de nos manter no sentido emocional, físico e material.

1. Encha o balde de atenção positiva

Imagine que a criança tem um balde que precisa ser preenchido com atenção positiva todos os dias. Encher esse balde fará seu filho se sentir amado, conectado e seguro do lugar que ocupa dentro da família. Quando enchemos esse balde, as crianças se sentem abastecidas e, portanto, se comportam melhor.

DESLIGUE O CELULAR MAIS CEDO, DEDIQUE-SE A UMA LEITURA RELAXANTE, TOME UM BANHO COM CALMA E DESCANSE. ESTAR COM O SONO EM DIA É UM FATOR DECISIVO QUE IMPACTARÁ DIRETAMENTE NO SEU COMPORTAMENTO E NO DE SEU FILHO.

O mau comportamento acontece muitas vezes para chamar a atenção dos pais, ainda que seja de maneira negativa. No entanto, se oferecemos essa atenção de maneira positiva e proativa diariamente, as crianças mudam o seu comportamento para muito melhor.

Para encher o balde do seu filho, dedique um tempo de qualidade a ele todos os dias. Eleja esse momento como prioridade, como se fosse uma reunião de trabalho. Aproveite esse período para se aproximar, conversar e se conectar com ele. Você pode aproveitar esse tempo de conexão para descobrir mais sobre o seu filho.

- Do que ele gosta?
- O que ele pensa sobre a vida e sobre si mesmo? Quais são seus medos?
- O que o faz feliz?

Mas o que fazer nesse tempo juntos?

- Qualquer coisa de que seu filho goste: brincar, andar de bicicleta, jogar videogame, ler, cozinhar, dar um passeio.
- Se tiver mais de um filho, tire um tempo especial com cada um e avise o outro de que ele também terá um tempo especial com você assim que você terminar com o irmão.
- Você e seu(sua) parceiro(a) podem se dividir nessa tarefa, cada um dedicando um tempo especial a uma criança da casa.
- Com crianças maiores, converse sobre como foi o seu dia de trabalho ou como resolveu alguns problemas importantes ao longo da jornada. Fale sobre superação, resiliência, empatia. As crianças aprendem muito

com nossas histórias, e isso cria conexão. Além disso, ouvir os pais falar do seu dia vai estimulá-las a conversar sobre sua vivência na escola.

- Coloque uma cesta na cozinha ou em outro lugar de livre circulação da casa para que todos joguem o celular dentro dela depois de determinado horário. Com isso, vocês poderão simplesmente conversar, jogar em família ou dar uma volta ao ar livre.

Decida em que momento do dia você poderá dedicar um tempo individual a cada criança e inclua isso em sua rotina diária.

A hora pode mudar dependendo do dia. Por exemplo: se a criança tem treino de futebol às terças-feiras, você pode tirar esse tempo durante a rotina de dormir e contar algumas histórias a mais. No restante da semana, você pode tirar esse tempo especial logo após o jantar. Veja essa pausa juntos como um compromisso inegociável.

Importante lembrar que até por volta dos 3 ou 4 anos as crianças são totalmente dependentes dos pais, e a necessidade emocional de conexão e segurança é ainda maior. Portanto, o tempo dedicado a elas deve ser proporcionalmente maior.

DICA PARA QUEM TEM GÊMEOS OU CRIANÇAS DE IDADES PRÓXIMAS

Mesmo que seus filhos possam se dar bem na maioria das vezes, lembre-se de que eles estão sempre competindo por sua atenção. Essa é uma das razões pelas quais frequentemente vemos muita competição de irmãos e rivalidade entre gêmeos. Para evitar tratar seus gêmeos como uma unidade, certifique-se de passar tempo individualmente

> com cada criança para dar a elas a atenção de que precisam. O investimento em um tempo individual com cada um vai valer muito a pena. Você vai ver a melhora no comportamento de seus filhos!

Dê atenção positiva todos os dias de maneira proativa; não espere o seu filho se comportar mal para se lembrar de dar a atenção que ele precisa e merece. Saia do celular, deixe os e-mails e a louça de lado em alguns momentos do dia para estar presente de corpo e alma e preencher as necessidades de atenção, conexão e pertencimento de seus filhos.

Os adultos também precisam de atenção positiva para se sentirem bem, e a carência dessa atenção afeta o nosso comportamento. Imagine os reflexos dessa ausência no comportamento de uma criança.

2. Encha o "balde do poder"

Todos nós precisamos sentir que temos algum controle sobre nossas escolhas, sobre nossas vidas. Permitir que a criança desenvolva autonomia é preencher sua necessidade emocional de se sentir útil e capaz.

Imagine que seus filhos têm um segundo balde que precisa ser frequentemente preenchido. Esse balde se chama poder. Enchê-lo significa dar aos seus filhos um sentimento de capacidade, de utilidade, a consciência de saber que eles conseguem fazer muitas coisas e que podem e devem fazer algumas coisas por si.

O que isso significa?

Significa que se queremos deixar filhos capazes, responsáveis e seguros para este mundo, precisamos dar espaço para que eles desenvolvam importantes habilidades de vida conforme vão crescendo e se desenvolvendo.

Dicas práticas para reforçar esse pilar
Propicie escolhas limitadas de acordo com a idade de cada criança e deixe-a decidir que roupa quer vestir, o sapato que quer calçar, com qual pijama quer dormir.

Usando um tom de voz calmo, pergunte:

- Qual tênis você quer usar hoje, o verde ou o preto?
- Com qual pijama prefere dormir, o de bolinha ou o de ursinho?

Esse tipo de escolha faz a criança se sentir capaz e útil, pois desperta nela um sentimento de "eu consigo escolher meu tênis". Para um adulto, isso pode não parecer importante, mas, para a criança, é.

As regras da casa, como o horário de comer, dormir ou fazer a lição de casa, não entram nos itens que podem ser escolhidos. As escolhas limitadas se referem às questões que não impactam a rotina da família.

Convide seu filho para participar das atividades da casa
Por exemplo: vai cozinhar? Chame as crianças para ajudar, para colocar a mesa, para levar os pratos sujos à pia, para limpar a sujeira que fizeram, para arrumar os brinquedos. Tenha coragem de ousar e deixe que elas contribuam mesmo que devagar ou do jeito que você julgar melhor. O importante é elas sentirem que podem contribuir.

Quando não deixamos nossos filhos se sentirem úteis e capazes, eles acabam reivindicando seu poder de maneira negativa, e então surgem os grandes conflitos por poder que já conhecemos e que nunca venceremos sem usar força ou agressividade – e é justamente isso que queremos evitar.

Aprender a educar de forma respeitosa e neuroconsciente vai exigir treino e dedicação. ==Você precisará desenvolver paciência e dar tempo para seus filhos aprenderem o que ainda não sabem.== Se a sua criança for comer sozinha, ela provavelmente vai demorar mais tempo, além de sujar a mesa e o chão. Seja paciente e permita que ela treine as novas habilidades que precisa desenvolver; comemore junto cada pequena conquista.

Todas as vezes que os pais fazem pelos filhos o que eles já são capazes de fazer sozinhos estarão atrapalhando o desenvolvimento da autonomia e da autoconfiança de suas crianças. Confie na capacidade de realização do seu filho!

Pode ser que no começo ele estranhe essa sua nova atitude e fique meio perdido, mas tenha paciência e persista. Você também está aprendendo.

O que o seu filho pode fazer para contribuir e se sentir útil?

- **De 18 meses a 3 anos:**
  - apagar a luz quando estiver no colo;
  - ajudar a guardar as compras;
  - carregar a correspondência ou o jornal;
  - colocar a fralda na bolsa;
  - acordar o irmão mais novo;
  - ajudar a colocar os guardanapos na mesa.

- **De 4 a 6 anos:**
  - todas as atividades da idade anterior;
  - acordar de manhã só com o despertador;
  - colocar a roupa suja na máquina;
  - ajudar a molhar as plantas;
  - arrumar a cama;

- lavar o cabelo;
- se vestir e calçar os sapatos;
- passar manteiga no pão;
- dobrar toalhas;
- ensaboar o próprio corpo;
- ajudar a fazer bolo.

De 7 a 10 anos:
- todas as atividades das idades anteriores;
- lavar o carro;
- cuidar do pet da família;
- preparar pequenas refeições;
- ajudar a ler novas receitas;
- preparar a lancheira para a escola;
- dobrar a roupa lavada;
- guardar a roupa nas gavetas;
- guardar os brinquedos no lugar certo;
- cuidar do lixo reciclável da casa;
- varrer e passar o aspirador.

De 11 a 15 anos:
- todas as atividades das idades anteriores;
- comprar coisas no mercado;
- preparar a refeição da família uma vez por semana;
- ajudar os pais no negócio da família;
- lavar e encerar o carro;
- colocar a louça na lava-louça;
- separar roupas escuras e claras antes de lavar;
- trocar os lençóis das camas;
- ler para os irmãos mais novos;
- passar roupas simples;
- pesquisar preços para compras da família na internet;

APRENDER A EDUCAR DE FORMA RESPEITOSA E NEUROCONSCIENTE VAI EXIGIR TREINO E DEDICAÇÃO.

- arrumar as gavetas e o armário;
- cuidar de suas próprias roupas do começo ao fim (lavar, secar e guardar);
- limpar a geladeira e os vidros da casa;
- ajudar a fazer a lista de compras semanal do mercado.

Quando mudamos nossa forma de agir, o comportamento dos nossos filhos também muda.

Terceiro pilar: segurança

Quando não compreendemos a origem do comportamento infantil, tendemos a olhar para as crianças com julgamento e críticas ou com pensamentos como:

- *Meu filho é terrível.*
- *Meu filho está me testando.*
- *Que criança birrenta.*

Na verdade, porém, todas essas afirmações passam longe da compreensão do que de fato dá origem ao comportamento infantil.

Precisamos mudar a pergunta de "Qual o problema dessa criança?" para "O que pode estar acontecendo com essa criança?".

E é sobre isso que falaremos agora. Uma criança que ainda não fala perfeitamente vai chorar e fazer birra para comunicar o que sente, já que não tem habilidades cognitivas para explicar racionalmente o que sente. Nascemos dependentes de nossos pais para nos proteger, alimentar e cuidar, e disso depende nossa sobrevivência. Nos sentirmos seguros é questão de manutenção da espécie.

E, mesmo depois de adultos, o nosso cérebro busca o tempo todo por pistas de segurança e insegurança como forma de proteção à vida. O sistema nervoso humano se desenvolve melhor quando vivemos em um ambiente seguro e quando podemos confiar que nossos cuidadores serão capazes de nos cuidar e isso inclui nos fazer sentir seguros emocional e fisicamente.

Quando os pais são autoritários, gritam, criticam, punem ou castigam, o sistema nervoso reconhece a ameaça no ambiente e coloca o corpo em estado de alerta. E o medo impacta negativamente o comportamento da criança, podendo causar insegurança, choro constante, dificuldade para dormir e outras perturbações. Além disso, o medo desliga as partes racionais do cérebro humano associadas ao aprendizado, o que impede a criança de ter foco, de se concentrar e aprender.

É por isso que ter segurança física e emocional é essencial para o bom desenvolvimento do sistema nervoso do ser humano.

São atitudes importantes para oferecer segurança ao seu filho:

1. Perceba o seu tom de voz

Nosso tom de voz é responsável por 50% da resposta que teremos dos nossos filhos. Um tom de voz calmo pode fazer uma grande diferença positiva no comportamento das crianças.

Não é tanto o que você diz, mas como você diz que faz toda a diferença.

Quando somos tratados com desrespeito e autoritarismo, a tendência é reagir na defensiva ou "fechar os ouvidos". E essa é uma grande reclamação dos pais: "Meu filho coloca as mãos nos ouvidos e não me escuta".

Muitas vezes, mesmo sem querer, instigamos o mau comportamento nos nossos filhos simplesmente pelo tom de voz que usamos. A energia colocada em nossa voz pode fazer toda a diferença no resultado que teremos.

Pare para pensar em como se sente quando alguém fala com você em tom rígido ou agressivo. O tom de voz é o suficiente para colocar nosso sistema nervoso em estado de "luta ou fuga". Quantas brigas entre parceiros ou dentro das famílias seriam evitadas se as pessoas entendessem o poder do tom de voz? Com certeza muitas.

> **DICAS PARA TRABALHAR O TOM DE VOZ**
> 1. Quando sentir que não poderá usar um tom calmo, pare, respire e espere até conseguir.
> 2. Se estiver com raiva, tente se conectar com sentimentos positivos e lembre-se de que você é o adulto da relação.
> 3. Se estiver com vontade de gritar, lembre-se de que está buscando novos resultados e que para isso terá que mudar suas atitudes primeiro.
> 4. Se perder a paciência e gritar ou agir de forma desrespeitosa, pare, respire, peça desculpas e comece de novo.
> 5. Tenha paciência com o seu processo de aprendizado e perdoe-se quantas vezes forem necessárias.

2. Esteja consciente do impacto da sua expressão facial

O nosso sistema nervoso é capaz de identificar uma ameaça só de olhar para a expressão facial de outra pessoa. Se alguém olha feio ou grita com você, seu corpo imediatamente entra em estado de alerta e o prepara para lutar ou fugir.

O mesmo acontece quando os pais olham para o filho de cara feia, franzem a sobrancelha ou transmitem desaprovação severa apenas pelo jeito de olhar.

Esse "fenômeno" acontece devido à neurocepção, um sistema de alarme do sistema nervoso que detecta ameaças de forma involuntária, ou seja, que independe da nossa vontade.

Isso explica aquela frase que muitos pais dizem: "Na minha época só de o meu pai olhar feio eu já paralisava". Você paralisava por medo, porque a expressão facial dos seus pais era reconhecida pelo seu sistema nervoso como uma ameaça e parava o que estava fazendo por ativação do sistema de "luta e fuga" do seu corpo, mas não necessariamente porque havia entendido ou aprendido o que precisava.

Uma expressão facial de segurança e calma é fundamental para que exista conexão entre os seres humanos. Mesmo que o pai ou mãe não fale nada, existe uma resposta de defesa física e emocional ligada à expressão facial dos pais que afasta a criança da colaboração que os pais tanto desejam, convidando-a à rebelião por simples defesa instintiva.

> **DICA PARA TRABALHAR A EXPRESSÃO FACIAL**
> Quando perceber que sua expressão facial mostra raiva ou agressividade, faça uma selfie e deixe salva no seu celular para que você possa se lembrar de relaxar os músculos faciais e conseguir dar um olhar mais amoroso para o seu filho.

É importante aumentar a conexão, a confiança e a proximidade entre vocês, ingredientes-chave para conquistar a colaboração humana, especialmente de uma criança.

Estudos das neurociências mostram que os primeiros anos da infância são fundamentais no desenvolvimento da saúde emocional, física e mental do futuro adulto, e o tipo de relacionamento que temos com nossos pais é o principal preditor de como vamos nos relacionar com as outras pessoas ao longo da vida.

Um relacionamento baseado no amor, na segurança e na confiança desde a infância funciona como alicerce para a construção dos próximos passos da longa caminhada que é a vida. Afinal, o que acontece na infância não fica na infância.

Quarto pilar: imaturidade cerebral

Crianças pequenas têm muita dificuldade para verbalizar o que sentem, e também têm dificuldade para lidar com a frustração. É porque elas estão testando você e sendo malcriadas? Não!

É por pura imaturidade neurológica mesmo, simplesmente uma incapacidade de administrar o que sentem. Elas ainda não têm capacidade de autorregulação nem de controlar seus impulsos (falaremos sobre isso mais adiante). Compreender essa realidade é fundamental para que os pais não esperem de suas crianças um comportamento que elas ainda não são, biologicamente, capazes de ter.

Então imagine como uma criança pequena reage às inúmeras frustrações que enfrenta durante a infância: isso mesmo, chorando, se debatendo e até se jogando no chão.

Essa criança cresce, começa a andar, a falar e se vê curiosa para conhecer o mundo, e de repente os pais dizem não para tudo. Ela ainda não sabe administrar o que sente, é totalmente dominada pela emoção e vai aprender a usar a razão com o tempo, seguindo o modelo apresentado pelos pais. Então, se você, que é adulto e tem o cérebro maduro, ainda explode quando tem seus desejos frustrados, imagine seus filhos. Sem seu exemplo de educação emocional, eles aprenderão a explodir também, mesmo depois de maiores.

Expectativas irreais sobre o comportamento infantil são a grande causa de agressividade e violência contra a criança no mundo todo. Por isso, é tão importante buscar conhecimento e se reeducar para melhor educar.

DIA 3

SEU FILHO NÃO QUER TE TESTAR

Mas, afinal, por que os pais se sentem tão ameaçados e ofendidos com o comportamento dos filhos?

Existem cinco fatores principais que impedem os adultos de compreender o comportamento das crianças. Eu gostaria de falar com mais profundidade sobre cada um deles. Não são os únicos, mas eu os considero os mais importantes.

O que nos impede de compreender o comportamento das crianças?

1. Falta de conhecimento sobre o filhote da nossa própria espécie

Passamos a vida escutando que criança não tem que querer, que crianças são seres terríveis, cheios de vontade e que, se não apanharem ou se não forem castigadas, não se tornarão pessoas de bem. Também escutamos dizer que a criança quer "atacar ou testar" os pais.

Afirmações como essas levam os adultos a se protegerem das crianças. Os pais passam a levar os comportamentos desafiadores dos filhos para o lado pessoal, como algo que foi feito de propósito apenas para medir forças com os adultos.

==Temos de duas a três vezes o tamanho de uma criança, mas, com tantas crenças negativas sobre o comportamento infantil, acabamos nos armando com um escudo para nos proteger dos possíveis ataques desses pequenos seres "terríveis" que "nasceram para nos testar".== Mas como pode isso se o córtex pré-frontal, que pensa e analisa, só começa seu amadurecimento por volta dos 4 anos?

Isso significa que todos os choros, "desobediências" e birras são o único recurso possível para essa criança se comunicar com os pais, já que seu cérebro não tem capacidade cognitiva de lidar com suas emoções, de controlar seus impulsos ou de armar um plano lógico contra seus pais.

Tudo o que as crianças querem e precisam é amor, atenção positiva, segurança física, emocional e limites respeitosos. Pare e reflita sobre seus sentimentos quando estava na infância: como se sentia quando era ouvido com atenção? E quando apanhava ou era ignorado? Quais sentimentos positivos você ainda experimenta quando se lembra de ter sido levado em consideração pelos adultos?

Fui uma criança que viveu com pais que tinham comportamentos opostos. Um pai que me tratava com todo o amor, respeito e atenção, e uma mãe brava, autoritária e que me causava muita dor emocional. Quero deixar claro que os dois fizeram o que podiam com o que sabiam e que ambos são frutos de histórias de vidas completamente diferentes. Meu papel aqui não é julgar quem foi bom ou quem não foi. Eles são meus pais, me deram a vida e eu agradeço por estar aqui. Minha intenção não é julgar, mas, sim, propor uma reflexão importante:

Em quem você tende a confiar e respeitar? Nas pessoas que te tratam com dignidade e respeito ou naquelas que o destratam, o desconsideram e o desrespeitam? Provavelmente nas primeiras. E eu posso explicar cientificamente por quê.

Nos primeiros três anos de vida, o cérebro está em pleno desenvolvimento, criando milhares de sinapses por segundo. Por mais que ainda não tenhamos capacidade de guardar todas as memórias explícitas dessa época, o nosso corpo guarda marcas de maneiras implícitas.

O hipocampo é uma importante região do nosso sistema límbico, responsável pela memória, e seu amadurecimento é necessário para a formação das memórias explícitas. Isso explica por que só começamos a nos lembrar de fatos que nos aconteceram por volta dos 4 ou 5 anos de idade.

Se um de seus cuidadores era agressivo, ameaçador ou emocionalmente desconectado quando você era um bebê ou ainda muito pequeno, isso impactou negativamente a formação do vínculo e da sua confiança nele, mesmo que você não se lembre explicitamente de nada. Mas seu corpo lembra e isso é demonstrado ao longo da vida em forma de sensações e emoções, principalmente nos relacionamentos pessoais.

Nascemos totalmente dependentes dos nossos cuidadores primários para sobreviver, e precisamos ter a certeza de que podemos confiar neles para atenderem nossas necessidades físicas por alimento, sono, proteção e as necessidades emocionais por afeto, colo, segurança e pertencimento.

No início da vida, o cérebro ainda está em desenvolvimento, e é natural não termos lembranças dos primeiros anos – justamente devido à imaturidade do hipocampo –, mas isso não quer dizer que nosso corpo não guarde as marcas do que nos aconteceu de maneira implícita.

Uma memória implícita é aquela que fica no nível subconsciente, e pode ser despertada por um cheiro, por um tom de voz ou um objeto que desperte em nosso corpo sensações que ficaram guardadas, mas não existem na forma de memórias reais ou explícitas.

Isso também explica, por exemplo, por que os pais precisam repetir a mesma coisa inúmeras vezes para as crianças pequenas. Não é porque elas se fingem de bobas ou são esquecidas; é porque elas realmente não se lembram.

Isso não quer dizer que a criança é terrível ou desobediente, mas que ela precisa de um adulto calmo e consciente para conduzi-la pacientemente em seu processo de aprendizado. E os erros fazem parte desse processo.

Também escutamos dizer que quando uma criança faz birra, deve ser deixada sozinha, ignorada ou castigada, já que esse comportamento é típico de crianças mimadas e mal-educadas.

Mas como podemos acreditar nisso se uma criança nessa idade não é biologicamente capaz de se autorregular? Ela não tem a habilidade de usar a razão, como faz um adulto, para lidar com o que sente; ela precisa de um adulto calmo para ajudá-la a se acalmar. A esse processo damos o nome de corregulação, que ocorre quando um adulto calmo funciona como se fosse o córtex pré-frontal da criança, ajudando-a a ter o controle e encontrar a calma.

Assim como a expressão facial, um tom de voz grosseiro e ríspido também ativa o sistema de "luta ou fuga" e coloca o corpo humano em estado de alerta. Esse sistema, quando ativado, faz as crianças chorarem mais e se comportarem cada vez pior. É por isso que gritos, ameaças e castigos não educam; mas causam medo, paralisia e rebelião.

==O problema é que o medo desliga as partes racionais do cérebro que estão ligadas ao aprendizado. Isso acontece==

porque um cérebro que está no modo "luta ou fuga", está com a amígdala cerebral ativada, e ela é a responsável pela nossa sobrevivência.

Ninguém consegue parar e raciocinar nessa hora; por isso, quando estamos com raiva, normalmente não conseguimos escutar ninguém: só queremos brigar, fugir ou paralisar. Percebe como o conhecimento da biologia humana muda o nosso olhar para o comportamento infantil?

Somos pais potencialmente traumáticos quando não temos acesso a esse tipo de informação, pois agimos baseados em nossas emoções e em crenças populares, e não com base na compreensão sobre o comportamento humano. Por isso afirmo que a raiz de grande parte da violência contra a infância está no desconhecimento da biologia do filhote da nossa própria espécie.

2. Confundir respeito com falta de limites

Esse é outro assunto que bate recordes em minhas palestras, workshops e mídias sociais. Sempre que falo sobre respeito à infância, sobre a importância de compreender o comportamento infantil, de ter empatia e autocontrole, muitos pais acreditam que isso é o mesmo que dizer "Deixe seus filhos mandarem na casa e fazerem o que quiserem a partir de agora".

E nada está mais longe da verdade do que essa compreensão.

Assim como o amor, os limites são necessários. Os dois funcionam como a margem de um rio, de um lado o amor, e do outro os limites.

Adultos também precisam de limites, não apenas as crianças. Ninguém faz apenas o que quer. Não é correto ultrapassar quando o sinal está vermelho só porque estamos com pressa. Também não é correto furar a fila do restaurante só porque estamos com fome. Existem também as consequências naturais das nossas atitudes. Se faltarmos no emprego repetidas vezes, seremos demitidos; se não usarmos o cinto de segurança, podemos ser multados ou mesmo sofrer um acidente e nos machucar. Se não estudarmos para a prova, não passaremos de ano. Se trairmos nosso parceiro, a relação acaba.

Eu poderia seguir com uma lista sem fim de "atitudes *versus* consequências", mas o que importa aqui é entender que as crianças não nascem com essa compreensão pronta e que não é apanhando, sendo castigadas ou tendo uma obediência cega que elas vão aprender.

Seu filho vai aprender com o passar do tempo, com o amadurecimento natural do cérebro e, principalmente, com o exemplo de quem o cria. A qualidade do relacionamento também importa muito, pois uma relação baseada no medo não educa, e sim amedronta.

Precisamos aprender a estabelecer limites com respeito. Vou apresentar um exemplo prático de como fazer isso para você dar os primeiros passos nessa direção.

Imagine que você está no shopping com seu filho de 3 anos e que ele está chorando por querer um brinquedo que você já disse que não vai dar. Se ainda estiver preso na crença de que essa criança precisa obedecer e parar de chorar ou que ela já sabia que você não daria o presente e por isso ela é terrível por estar chorando, você pode se sentir impelido a gritar e ficar com raiva, porque vai levar essa atitude para o lado pessoal com pensamentos como:

- *Eu já falei para esse menino que não ia comprar esse brinquedo hoje. Por que ele está chorando?*
- *Meu Deus, de novo não, que vergonha. Vou levar ele embora daqui agora mesmo.*

- *Que menino pirracento, ele está me testando para ver se dou o brinquedo só porque ele está chorando.*

Esses são pensamentos comuns para pais que ainda educam no modelo tradicional, que não conseguem enxergar o que está por trás do comportamento da criança, e só sabem julgar o que ela faz como correto ou incorreto.

Agora vou dar um exemplo prático de limites respeitosos diante da mesma situação.

Você, como adulto consciente e com conhecimento sobre o comportamento infantil, vai olhar para a criança de 3 anos chorando no shopping e lembrar que ela não tem o cérebro de um adulto, que ela ainda não consegue usar a razão, que ela ainda não tem boa memória e pode ter esquecido o que vocês combinaram antes, que ela não tem capacidade cognitiva para lidar com a frustração que sente e muito menos para usar a razão a fim de lidar com a emoção como se fosse um adulto.

Com isso em mente, você não vai levar essa situação para o lado pessoal. Você vai, isso sim, se lembrar de respirar, de manter a calma, e então será capaz de ajudar a criança a se acalmar. Você vai manter o limite estabelecido, colocar uma expressão amigável no rosto, em vez de uma assustadora, e usar frases como:

- Filho, eu sei que você quer muito esse brinquedo, mas hoje não vamos comprar. Podemos comprar no seu aniversário. Tudo bem ficar triste; eu também fico quando não consigo comprar tudo que eu quero. Estou aqui com você, que tal irmos brincar no parquinho do shopping?
- Eu sei que você está chateado porque queria muito esse brinquedo. Que tal juntarmos dinheiro em um

cofrinho para comprar assim que possível? Quer um abraço para se acalmar?

Percebe como o limite foi mantido, porém de forma respeitosa? Você não precisou bater, gritar, agredir ou ameaçar. A criança também não foi impedida de chorar nem de sentir. Houve a validação de suas emoções, e não a negação, o que a ajuda a lidar com a frustação, pois ela se sente amparada e compreendida nesse processo.

É importante compreender que, mesmo você mantendo os seus limites diante de um combinado que já havia sido feito, a criança pode chorar e está tudo bem. Você não precisa ceder só porque ela chorou, mas precisa compreender que algo que parece muito pequeno para um adulto pode ser imenso para a criança, já que ela enxerga o mundo através de suas emoções intensas.

Aprender a lidar com as emoções é algo que devemos ensinar aos nossos filhos desde pequenos. Essa é uma competência socioemocional importante para atingirmos o sucesso em qualquer área da vida.

Além disso, nos dois exemplos que eu mostrei, aproveitamos uma situação desafiadora para ensinar importantes habilidades de vida aos filhos, como saber esperar para conseguir o que desejamos ou juntar dinheiro para comprar algo que queremos.

Seu filho vai sentir que pode sobreviver a uma frustação, mas ele também sabe que poderá contar com o seu apoio e não com a sua fúria ou o desprezo nesses momentos desafiadores.

SEU FILHO VAI APRENDER COM O PASSAR DO TEMPO, COM O AMADURECIMENTO NATURAL DO CÉREBRO E, PRINCIPALMENTE, COM O EXEMPLO DE QUEM O CRIA. A QUALIDADE DO RELACIONAMENTO TAMBÉM IMPORTA MUITO, POIS UMA RELAÇÃO BASEADA NO MEDO NÃO EDUCA, E SIM AMEDRONTA.

3. Falta de educação emocional

Somos adultos, já temos um cérebro maduro, um córtex pré-frontal bem desenvolvido e, portanto, somos capazes de usar a razão para lidar com nossas emoções, mas isso não quer dizer que sabemos usar essa habilidade.

Não basta ter a capacidade cognitiva de usar a razão se não recebemos educação emocional dos nossos pais ou se não a desenvolvemos ao longo da vida. Usar a razão para lidar com a emoção é uma habilidade que precisa ser treinada e desenvolvida, não é natural. É algo que precisa ser feito de forma consciente. Não tem nada de instintivo.

Se você não recebeu educação emocional, não vai conseguir respeitar o processo de desenvolvimento do seu filho. Vai lhe faltar paciência, porque você vai levar tudo para o lado pessoal.

Então o que é mais fácil? Mandar, gritar, ameaçar e castigar? Ou parar, respirar, recuperar a razão, se conectar com seu filho, conversar, explicar e respeitar o processo de aprendizado dele?

Claro que a primeira opção é mais fácil. Mandar engolir o choro ou cobrar obediência, também. Educar de forma neuroconsciente dá trabalho, porque passa pela nossa reeducação. Já falei neste livro e vou repetir algumas vezes: a parte mais desafiadora de sermos pais não é controlar o comportamento dos nossos filhos, mas o nosso.

Para aprender a controlar nosso comportamento, precisamos desenvolver a inteligência emocional. Trata-se da capacidade que nos permite reconhecer e gerir os nossos sentimentos, reconhecer os sentimentos dos demais e conseguir administrar as relações de forma eficaz para que elas sejam mais equilibradas e harmoniosas, não somente com os outros, mas conosco também.

As competências emocionais são capacidades que podem ser desenvolvidas no indivíduo e trazem mudanças positivas para todos os relacionamentos ao longo da vida.

==O indivíduo emocionalmente inteligente é aquele que consegue identificar suas emoções e lidar com elas com mais facilidade. Uma das grandes vantagens das pessoas com bom nível de inteligência emocional é a capacidade de se automotivar e de seguir em frente mesmo diante de frustrações e das desilusões da vida.==

Isso se aplica muito nas relações com os nossos filhos. Pais que aprendem a usar a razão para controlar suas emoções conseguem manter uma relação mais equilibrada com suas crianças. Quando usamos a razão para compreender a emoção de maneira consciente, estamos desenvolvendo a nossa inteligência emocional.

Junto com ela, ganhamos a capacidade de controlar impulsos, de usar as emoções com maior equilíbrio e, de forma adequada para cada situação, aprendemos a enxergar o lado bom das situações, a praticar a gratidão e, principalmente, a educar nossos filhos de modo mais efetivo e respeitoso.

Aprender a controlar as emoções e os sentimentos com o intuito de conseguir manter as relações interpessoais saudáveis pode ser considerado um dos principais fatores para o sucesso em qualquer área da vida. Pais sem inteligência emocional tendem a descarregar suas frustrações nos filhos, e essa atitude não resolve nenhuma situação. Aliás, só piora.

4. Replicar um padrão aprendido

Todos nós recebemos, durante a infância, uma "programação" que roda em nosso cérebro até os dias de hoje se nada fizemos ao longo da vida para mudá-la.

A natureza nos deu a capacidade de aprender com o modelo de nossos pais e das pessoas com as quais convivemos.

Tudo o que acontece nos primeiros sete anos de vida é a base que estruturará crenças e informações em nosso subconsciente. Claro que, mais tarde, seremos capazes de fazer as mudanças desejadas, mas, até que isso possa acontecer, muitos anos já terão se passado.

É em nossa família que aprendemos os fundamentos dos relacionamentos, a importância das conexões respeitosas entre as pessoas e a comunidade. Esse também é o período em que desenvolvemos nossa crença de identidade, sobre quem somos. Sou uma criança boa? Inteligente? Capaz? Ou sou uma criança ruim? Terrível? Burra?

O que nossos pais nos dizem nessa fase da vida, nos tornamos. Se nossos pais nos dizem que somos inteligentes, amáveis e maravilhosos, é isso que entrará em nosso programa subconsciente, mas, se eles nos dizem que não somos pessoas legais ou não somos inteligentes, ou não somos bonitos, ou não somos bons ou merecedores, é isso que entrará em nosso "programa" mental.

Se o seu pai o chamava de burro com frequência durante a infância, provavelmente você acreditará no que escutou e essa repetição se torna uma verdade em sua vida. Isso acontece porque as crianças acreditam em tudo que seus pais dizem sobre elas, pois ainda não têm o discernimento necessário para saber separar o que dizem a seu respeito de quem realmente são.

A verdade é que não somos responsáveis pela programação que recebemos na infância, mas, como pais, somos totalmente responsáveis por mudá-la. E para mudá-la precisamos estar conscientes de nossas atitudes.

Se não mudamos, nossos padrões e crenças são repassados de geração em geração sem que as pessoas se questionem sobre o resultado de suas atitudes.

E por que isso acontece?

Porque viemos de gerações que eram tão violentas e agressivas com as crianças que acabamos aprendendo e repetindo o mesmo modelo. Muitos acabam normalizando tapas, gritos e castigos porque não conseguem imaginar outra forma de agir e se relacionar com os filhos a não ser essa.

Então, querer que o filho obedeça como um robô é mais fácil que ensinar a pensar, a priorizar as soluções ou que ser um bom modelo de educação emocional, paciência e resiliência.

Porém, não conhecer outras formas de agir não quer dizer que elas não existam, mas, sim, que precisamos percorrer um caminho de aprendizado e principalmente de reeducação emocional para mudar os padrões aprendidos e repetidos de forma automática e impulsiva.

Afinal, ==como dizer para uma criança que não é certo bater no amigo se em casa ela vê os pais resolvendo os problemas batendo nela? Como ensinar uma criança a respeitar os adultos se ela é desrespeitada por eles?==

Precisamos ser mais coerentes entre o que pensamos, queremos e fazemos, pois o nosso exemplo fala bem mais alto que nossas palavras.

5. Acreditar que os erros são motivos para castigos

Caímos muitas vezes antes de aprender a andar. Falamos errado durante muito tempo antes de aprendermos a falar direito. Brigamos com amigos e namorados por motivos bobos antes de amadurecer e de aprender a nos relacionar. E, como pais, também erramos muito todos os dias.

Os erros causam dor em quem erra, então não precisamos querer adicionar uma dose extra de dor para ensinar. Se você comete uma falha em seu emprego e é demitido por isso, se sente mal, triste, incompetente e talvez arrependido, mesmo que ninguém lhe diga nada.

Se você não estuda para a prova final, tira uma nota ruim e repete de ano, isso por si só é suficiente para fazer você se sentir mal. Você não precisa que ninguém o ofenda para saber que não fez o que precisava.

O que eu quero dizer com isso? Que você pode errar descaradamente sem se preocupar com nada? De jeito nenhum. Quero mostrar o outro lado da mesma moeda.

Nós aprendemos que os erros eram motivo para castigo, e isso nos tornou pessoas perfeccionistas, exigentes e até mesmo castradoras. Afinal, quando não aceitamos os erros como parte do processo de aprendizado humano, nos tornamos seres "perfeitos", críticos e julgadores dos erros alheios. Como reconhecer os próprios erros se isso implica, mesmo que de forma inconsciente, receber castigos?

E muitas vezes são castigos que nós mesmos nos infligimos com muitas "chicotadas" na forma de frases e pensamentos negativos e autodestrutivos. E se pudermos nos humanizar, entender que não existe perfeição na humanidade, que errar faz parte da vida e que, na verdade, os erros são grandes oportunidades de aprendizado?

Claro que podemos e devemos aprender a errar menos, mas não errar ou querer ser perfeito é uma expectativa que nunca se cumprirá.

A partir do momento em que conseguir se perdoar, se acolher e aprender com os seus erros, você finalmente poderá olhar para os erros do seu filho com mais compaixão e então passar a guiá-lo em seu processo de aprendizado em vez de castigá-lo por não conseguir atender suas expectativas irreais e não humanas.

Essa mudança de visão criará mais conexão e proximidade entre vocês, e também o tirará do pedestal de perfeição e superioridade que só serve para distanciá-lo do seu filho.

DIA 4

DIGA ADEUS
AO GIGANTE
DA FAMÍLIA

O maior medo que percebo nos pais que me procuram pedindo ajuda é saber se estão sendo autoritários, se estão sabendo agir para serem respeitados por seus filhos, ou ainda o medo de estarem sendo muito bonzinhos e criando um filho mimado.

Vamos começar compreendendo melhor o autoritarismo. No dicionário, a palavra "autoritário" tem os seguintes significados: "Que se baseia no princípio de uma autoridade forte, despótica, ditatorial; que se impõe pela autoridade; que infunde respeito e obediência".[1]

Levando em consideração a definição que está no dicionário, precisamos criar filhos que façam o que mandamos, sem nos questionar, e que sejam bonzinhos, pois para muitos ser obediente é sinônimo de ser um bom filho.

O problema é que, como pais, queremos filhos pensantes, que saibam tomar boas decisões, que sejam responsáveis, autônomos, bem-sucedidos e seguros. Então fica claro que o que queremos não combina com o autoritarismo.

Não combina porque nascemos com um cérebro imaturo e, para aprender a pensar e a tomar boas decisões, precisamos que o córtex pré-frontal amadureça, precisamos de repetição, treinamento, paciência, amor e segurança. Se agirmos sempre querendo ser os donos da razão, ter a única opinião que importa e buscando que o filho sempre diga "sim, senhor", sem questionar o que pensamos e falamos, como pretendemos ensinar essa criança a tomar boas decisões quando não estivermos por perto?

O que acontece é que, quando essa criança se torna um adolescente inseguro, com baixa autoestima, com medo de dizer o que pensa e sente ou que não consegue sair de casa e trilhar o próprio caminho, muitos pais se perguntam: "O que foi que eu fiz para meu filho ser assim?", quando, na verdade, a pergunta deveria ser: "O que eu NÃO fiz para ter um filho seguro, responsável, bem-sucedido e independente?".

Desenvolver essas importantes habilidades de vida é um processo longo, que dura anos e começa na infância. Mas o autoritarismo tira dos pais a oportunidade de confiar na capacidade de seus filhos, de escutar o que eles pensam e sentem. Tira também a oportunidade de permitir que eles aprendam com os próprios erros.

O que os filhos recebem quando erram são ameaças, castigos e muitas vezes surras, desprezo e tratamento de silêncio, quando deveriam ser ouvidos, guiados, orientados e aprender a compreender, com o passar do tempo, as consequências das próprias atitudes.

Tendemos a confiar nas pessoas que nos respeitam, nas pessoas que nos inspiram por meio de exemplos, e não naquelas que nos deixam com medo ou inseguras. Ter autoridade é diferente de ser autoritário.

O autoritarismo é o abuso da autoridade como pai ou mãe. Chegamos antes, somos os responsáveis pelo cuidado dos filhos. Eles dependem dos pais por muitos e muitos anos para comer, se vestir, estudar, ter uma casa, proteção e educação. A autoridade reside aí, ela não precisa ser comprovada. Está implícita e é sentida pelos que chegaram depois e sabem que dependem de seus genitores para viver. Ter autoridade está ligado a guiar, amar e treinar. Ser autoritário tem a ver com castrar, silenciar e amedrontar.

Entendido isso, agora quero convidar você a se colocar na pele do seu filho. Quero que você perceba como seu filho se sente diante de um adulto duas, três vezes maior do que ele, com a cara brava e uma voz assustadora. Ele precisa olhar para cima para olhar nos seus olhos, não consegue tomar as próprias decisões, é totalmente dependente dos pais para sobreviver. Escuta inúmeros "nãos" por dia, e muitas vezes não é compreendido.

Apesar disso tudo, ele ama e admira os pais. Pare e se coloque por um momento no lugar dele. Imagine como é escutar frequentemente frases como:

- *Por que você nunca faz o que eu mando?*
- *Você não faz nada direito, não seja burro!*
- *Você não merece nada!*
- *Chega de falar, sou eu que mando aqui!*
- *Engole esse choro!*
- *Você é surdo? Por que não guarda esses brinquedos? Eu já mandei mil vezes!*
- *Vá já para o seu quarto. Você está de castigo!*

Como você se sentiria?

Nem um pouco bem, não é mesmo? Claro que a maioria dos pais não faz isso de propósito, e sim porque essa é a única forma que eles conhecem de se relacionar com seus filhos. Afinal, eles também foram tratados assim pelos adultos das gerações passadas. Mas nós precisamos entender que isso fere. E muito.

Essas atitudes deixam marcas profundas na forma de vozes que ecoam na mente como verdades por muitos e muitos anos. Esse tipo de tratamento durante a infância não cria seres humanos fortes, mas seres humanos feridos. E um ser humano ferido não pode criar um mundo melhor.

Um ser humano ferido precisa de cura, afeto e compreensão. Precisa aprender a se dar o amor que não recebeu. A se perdoar e se validar para acreditar que é merecedor e digno de ser amado, querido e bem-sucedido.

Uma infância marcada por gritos, descontrole e autoritarismo impacta o desenvolvimento do sistema nervoso humano, colocando-o em constante estado de alerta, e isso pode desencadear ansiedade, baixa autoestima, medo da socialização, dificuldade de se relacionar, depressão e até mesmo vício em álcool e drogas.

Muitas crianças crescem e se tornam adolescentes e adultos com crenças, muitas vezes inconscientes, sobre si, como:

- *Eu não sou bom o suficiente.*
- *Ninguém nunca vai me amar.*
- *Se eu errar, serei castigado.*
- *O que eu sinto não importa.*
- *Não mereço esse emprego que paga bem.*

Será que você tem agido como um gigante assustador? Ou, ainda pior, será que seu filho tem vivido com dois gigantes que, em vez de cuidar, proteger, dar exemplos e educar com limites respeitosos, estão agredindo, se descontrolando e humilhando?

Essa reflexão não tem o objetivo de trazer culpa, mas ação. A culpa paralisa, e a ação transforma. Ela tem o poder de mudar vidas. Se você está lendo este livro agora, parabéns! Você já deu o primeiro passo para mudar o seu comportamento, porque a verdade é que não podemos controlar o comportamento dos nossos filhos, mas podemos controlar o nosso. E, quando mudamos o nosso comportamento, tudo ao nosso redor também muda.

Que tal aprender a:

- Falar mais baixo? Faça uma pausa, respire e ajuste seu tom de voz.

- Escutar e validar os seus sentimentos e os dos seus filhos? Perceber como se sente e validar suas necessidades emocionais é um primeiro passo muito importante para aprender a fazer o mesmo com o seu filho.
- Acalmar-se quando estiver prestes a explodir? Perceba os sinais da raiva chegando em seu corpo e decida parar antes de causar um "incêndio" com suas atitudes impulsivas.
- Ser um treinador em vez de um ditador para o seu filho? Lembrar que o aprendizado é um processo e que todos erram, principalmente no papel de pais, ajuda na jornada de se humanizar e tratar os filhos com mais empatia e menos tirania.
- Perdoar-se pelos erros e falhas e fazer o mesmo com o seu filho? A partir do momento que entendemos que os erros fazem parte do processo de aprendizado, paramos de esperar perfeição não somente dos filhos, mas também de nós mesmos.
- Impor limites sem ferir, dizer não sem precisar gritar e permitir que seu filho chore pelo não recebido? Você pode manter o seu não, mas lembre-se de que seu filho pode chorar e ficar triste com o limite estabelecido. E, mesmo que ele chore, você não precisa voltar atrás, mas pode mostrar que compreende o que ele sente.

Sim, você pode dizer não, manter os limites que acredita serem necessários e ainda assim permitir que seu filho sinta a dor da frustração. A grande diferença é que ele terá um pai ou uma mãe que lhe permite sentir e desenvolver a habilidade de lidar e superar uma frustração. E só aprendemos isso com o passar do tempo, com o amadurecimento natural do cérebro, mas principalmente com o treinamento na condição de pais.

Sentir e chorar é humano. Isso não nos torna fracos, mas expressa nossa condição de seres humanos. A dificuldade maior vem da falta de memórias de acolhimento e validação, pois dar aquilo que não recebemos pode ser desafiador. Mas também cura.

Tem uma frase de Jane Nelsen que acho perfeita para ilustrar essa reflexão: "De onde tiramos a terrível ideia de que para uma criança se comportar melhor precisamos fazê-la se sentir pior?". Realmente não faz sentido, porque nenhuma criança se comporta bem quando se sente mal. E os adultos também não.

Agora você tem a oportunidade de questionar seus padrões e de abrir espaço para que seu filho seja visto, considerado e respeitado como um ser humano que pensa, sente e tem vontades, assim como você.

DIA 5

REGULAÇÃO E CORREGULAÇÃO: A CHAVE DO SUCESSO DAS RELAÇÕES

Educar uma criança é um processo profundamente emocional. O amor que sentimos pelos nossos filhos permeia nossos pensamentos, motivações, sonhos, preocupações e, principalmente, nossas atitudes em relação a eles por muitos e muitos anos.

Emoções positivas, como o amor e a alegria, criam um estado emocional propício para empatia, segurança e conexão, mas, por outro lado, o estresse natural gerado nas relações entre pais e filhos pode despertar emoções e sentimentos mais difíceis, como raiva, tristeza, medo ou vergonha.

Exercer o papel de pai ou mãe pode nos levar a navegar em mares nunca navegados antes. Fortes emoções podem ser despertadas e nos levar a agir de maneiras que jamais pensamos ser capazes antes de termos filhos. Essas atitudes podem ser desencadeadas tanto pelas emoções positivas quanto pelas negativas.

Não é exagero dizer que ==o maior desafio para nós, como pais e mães, não é controlar o comportamento dos nossos filhos, mas, sim, o nosso==. Especialmente quando não aprendemos a regular nossas emoções ao longo da vida. Porém, é urgente e essencial aprendermos a sentir e a reconhecer a intensidade de nossas emoções, e sem ferir ou quebrar a conexão com nossos filhos.

Por sorte, o cérebro humano foi desenhado para conseguir traduzir sentimentos em pensamentos racionais e nos ajudar a tomar decisões mais acertadas, baseadas em nossa empatia, percepção e intuição.

Quanto mais abertos estivermos para olhar para as experiências que temos com as crianças, sem críticas ou julgamentos, mas com compreensão e conhecimento sobre o comportamento infantil, mais o nosso cérebro estará pronto para conectar os processos emocionais e os racionais, nos ajudando a interagir com nossos filhos de forma mais acertada, com tolerância e harmonia.

A capacidade de sentirmos fortes emoções e, ao mesmo tempo, permanecermos centrados em nossas atitudes racionais já é bastante desafiadora para os adultos, que têm o cérebro maduro. Imagine a dificuldade ou impossibilidade que é para uma criança pequena, com seu cérebro ainda em desenvolvimento e imaturo, regular as próprias emoções?

O que é regulação emocional?

Regulação emocional é um termo usado para descrever a capacidade de uma pessoa de gerenciar e responder efetivamente a uma experiência em que há emoções envolvidas. As pessoas podem usar, consciente ou inconscientemente, estratégias de regulação emocional para lidar com situações difíceis ao longo do dia.

A regulação não tem a ver com se livrar de um sentimento desconfortável; ao contrário, trata-se da capacidade de experimentar uma emoção ou um sentimento desconfortável e, ainda assim, ficar bem.

A Associação Americana de Psicologia define a autorregulação como "a capacidade de um indivíduo modular uma emoção ou conjunto de emoções".[2]

Isso pode envolver comportamentos como repensar uma situação desafiadora para reduzir a raiva ou a ansiedade, esconder sinais visíveis de tristeza e medo ou frear impulsos irracionais na hora da raiva, parando para refletir rapidamente sobre as consequências de nossas atitudes.

O conceito de autorregulação engloba uma série de processos e inclui numerosas funções executivas. As funções executivas são as habilidades cognitivas necessárias para controlar nossos pensamentos e atitudes. O desenvolvimento do potencial máximo das funções executivas é um processo que leva tempo, e, como já vimos, nosso córtex pré-frontal só termina de amadurecer no início da vida adulta.

Essa capacidade tem grandes implicações no desenvolvimento pessoal, no ajuste social e no bem-estar geral de um indivíduo. Por sua vez, as dificuldades de autorregulação provocam problemas nas relações interpessoais e são um fator de risco para o abuso de substâncias, para transtornos emocionais como depressão e ansiedade e para o desenvolvimento de comportamentos impulsivos ou agressivos ao longo da vida.

Bebês e crianças pequenas não conseguem se autorregular de maneira consciente e racional por terem o cérebro ainda imaturo, mas podem, de forma inconsciente, buscar mecanismos de autorregulação, como chupar o dedo em um momento de choro, se jogar no chão ou puxar o próprio cabelo na tentativa desesperada de extravasar a raiva que sentem e se acalmar.

Desde o nascimento, os pais influenciam o modo como os filhos aprenderão a lidar com as próprias emoções por meio de suas atitudes. Para ajudar uma criança a aprender a se autorregular, os pais precisam se manter calmos, ou seja, autorregulados, mesmo em momentos desafiadores. Assim eles serão capazes de modelar com o próprio exemplo e ensinar os filhos a fazerem o mesmo.

Aprender a se autorregular é um marco fundamental no desenvolvimento infantil, cujas bases são lançadas nos primeiros anos de vida. A capacidade de uma criança de regular o próprio estado emocional e suas reações emocionais afeta a família, os amigos, o desempenho na escola, a saúde mental a longo prazo e a capacidade de prosperar em um mundo complexo.

Quando as crianças têm oportunidades de desenvolver as habilidades de autorregulação, elas experimentam muitos benefícios ao longo da vida, e essas habilidades são fundamentais para o aprendizado e o desenvolvimento. Além disso, elas estimulam comportamentos mais positivos ao longo da vida, que permitem fazer escolhas saudáveis para nós mesmos e nossa família.

Estratégias de regulação emocional

A maioria de nós usa algumas estratégias de regulação emocional e é capaz de aplicá-las a diferentes situações. Podemos nos adaptar às demandas do nosso ambiente, o que às vezes é saudável; às vezes, não.

Estratégias saudáveis de regulação emocional:
- conversar com os amigos;
- fazer exercícios físicos;
- ter um diário;
- meditar;
- fazer terapia;
- ter autocuidado;
- dormir adequadamente;
- prestar atenção aos pensamentos negativos que surgem antes ou depois de emoções fortes;
- descansar sempre que precisar.

Estratégias não saudáveis de regulação emocional:
- abuso de álcool, tabaco ou outras substâncias;
- autolesão (machucar a si mesmo para aliviar a dor emocional, um comportamento muito comum em adolescentes);

- agressão física ou verbal;
- uso excessivo de redes sociais;
- roer as unhas.

Um adulto é capaz de se autorregular, ou seja, de usar a razão para lidar com as próprias emoções, mas trata-se de uma habilidade que nem todos conseguem usar. Muitos explodem e agem no automático, com impulsividade, sendo totalmente dominados pelas emoções negativas. Essas pessoas não aprenderam a lidar com o que sentem e, então, modelam o mesmo comportamento explosivo para seus filhos, dificultando o aprendizado da autorregulação.

Um adulto com inteligência emocional consegue reconhecer as emoções antes de agir impulsivamente. Por sua vez, um adulto que não aprendeu a fazer uma boa gestão emocional pode roer as unhas, comer demais, usar álcool, cigarros ou drogas para tentar lidar com as próprias emoções e se autorregular.

O que é corregulação?

O processo de apoio entre adultos e crianças que promove o desenvolvimento da autorregulação é chamado de **corregulação**.

Nesse processo, devemos funcionar como o córtex pré-frontal dos nossos filhos, aquela região do cérebro que pensa, analisa, pondera e toma decisões, mas que ainda não está madura o suficiente na infância.

Enquanto essa parte que pensa, analisa, freia impulsos e planeja ainda está em desenvolvimento, os pais devem ajudar seus filhos a usarem a razão para lidar com o que sentem. Veja a seguir alguns exemplos de momentos de corregulação que vivi com meus filhos. Eles podem ajudar você a visualizar o que pode fazer para trabalhar nessa necessidade com os seus.

> Aos 4 meses, meu filho mais velho chorava quando acordava do cochilo da tarde. Sempre que eu escutava o choro pela babá eletrônica, eu respondia de onde estivesse: "Oi, meu amor, mamãe está indo, filho". Imediatamente ele parava de chorar.
>
> Quando minha caçula tinha por volta de 2 anos e me dava sinais claros de cansaço, eu dizia: "Você está ficando cansada, não está?". E logo buscava um lugar calmo para pegá-la no colo e cantar uma música. Rapidamente ela se acalmava e dormia. Com o tempo, ela aprendeu a dizer antecipadamente que estava cansada e que precisava de colo para se acalmar.
>
> A caçula costumava ser mais irritadiça que o irmão, então precisei entender o funcionamento dela para poder passar uma dose extra de calma e a ajudar a se autorregular com frequência. Não adiantava querer falar com ela na hora do sono, da fome ou da raiva; a única coisa que realmente a acalmava era o colo.
>
> Durante o dia, havia diversas oportunidades de manter a calma para ajudá-la a lidar com as inúmeras frustrações naturais da infância. Foi um grande treino para mim também, que nunca pensei em aumentar tanto os meus baldes de tolerância e paciência.

Existem inúmeras oportunidades de atuar na criação de hábitos e valores durante os primeiros anos de vida de um ser humano, e cada uma delas se torna um tijolo na construção da base emocional do bebê. Cada tijolo é coconstruído pela natureza das relações interpessoais que a criança tem com os adultos ao seu redor. Por meio desse processo interpessoal, todos desenvolvemos nossa capacidade individual de autorregulação.

É importante ressaltar que, embora os pais muitas vezes se preocupem com o fato de não estarem fazendo o suficiente por seus filhos, a corregulação bem-sucedida não requer atenção constante. Sabemos que a demanda emocional de uma criança é muito grande e que, mesmo que tentemos, não conseguiremos atender a todas as necessidades de nossos filhos a cada momento. Seria humanamente impossível fazer isso.

A mensagem principal que precisamos guardar é que os relacionamentos são importantes, e o cérebro infantil requer que os pais sejam consistentes, previsíveis, sintonizados e corregulado- res amorosos para seus filhos, mas isso não significa que você precise estar vinte e quatro horas disponível para eles.

Como o adulto pode corregular com uma criança?

Em primeiro lugar, ele precisa trabalhar a própria regulação emocional.

A autorregulação durante uma interação estressante com uma criança ou adolescente não é tarefa fácil. Os pais e cuidadores podem precisar de apoio e treino para desenvolver as próprias habilidades de enfrentamento e calma, o que, por sua vez, os ajudará a modelar essas habilidades para suas crianças.

Comece priorizando sua capacidade de autorregulação para depois poder corregular com sucesso com o outro. Faça uma pausa e lembre-se de que você é o adulto da relação; tenha uma conversa interna positiva consigo mesmo, cheia de autocompaixão (falaremos sobre isso em um dos próximos capítulos), lembrando que estamos todos aprendendo.

Depois, responda calmamente à criança, pois isso evita que os sentimentos negativos dela aumentem e ainda modela importantes habilidades de comunicação. ==Preste atenção nos próprios sentimentos e reações durante interações estressantes com seu filho.==

Perceba seus pensamentos e crenças sobre comportamentos de outras pessoas, pois simples pensamentos ou julgamentos podem disparar atitudes de raiva ou agressividade. Um pensamento gera uma emoção, que por sua vez gera um comportamento. ==Se você conseguir, racionalmente, escolher pensamentos mais empáticos e positivos em relação ao comportamento de uma criança, automaticamente terá mais paciência e maior tendência a frear impulsos automáticos e negativos.==

Um adulto que cuida de crianças precisa estar atento às próprias necessidades básicas físicas e emocionais; ele vai precisar perceber limites físicos e emocionais e respeitá-los em primeiro lugar.

Ter uma rotina, praticar o autocuidado, descansar quando sentir que precisa, pedir ajuda e, principalmente, ter outro adulto de confiança para falar de seus desafios, dores e dificuldades são atitudes muito importantes no processo de autorregulação emocional, pois um adulto estressado e sobrecarregado dificilmente será capaz de administrar bem as próprias emoções.

Para um bebê, o apoio à corregulação será grande, pois os bebês precisam de cuidadores para os alimentar quando estão com fome, ajudá-los a dormir quando estão cansados e dar carinho quando estão sobrecarregados.

À medida que a capacidade de autorregulação da criança aumenta, será necessário menos corregulação dos pais ou cuidadores, pois a necessidade de corregulação diminui com a idade. Com isso, os tipos de corregulação que são mais necessários e benéficos mudam ao longo do desenvolvimento.

Os bebês reagem fisicamente às informações sensoriais ao seu redor, com pouca capacidade de mudar sua experiência. Eles precisam de adultos que sejam sensíveis às necessidades deles e capazes de fornecer uma presença calmante em momentos de angústia.

As crianças crescem e ganham a capacidade de administrar alguns aspectos do ambiente por si mesmas, por exemplo, se afastar de um barulho alto ou pedir algo para comer. No entanto, elas continuam a ter emoções fortes que superam as habilidades que começam a se desenvolver na infância.

Nesse período de desenvolvimento, os cuidadores podem começar a ensinar e modelar propositalmente habilidades como aguardar em uma fila, por exemplo, esperar a vez de falar ou brincar com um brinquedo.

Controle inibitório e comportamento infantil

Uma das funções executivas mais importantes a serem desenvolvidas para que a autorregulação aconteça é o controle inibitório. É por meio dele que adquirimos a capacidade de nos autorregularmos mesmo diante de situações desafiadoras. A inibição é uma das funções cognitivas envolvidas na correção de um comportamento, e é o que nos permite ficar calados quando queremos dizer algo que sabemos que não devemos.

É o que nos leva a estudar para uma prova importante mesmo quando queremos sair com nossos amigos. É o que nos faz ficar sentados e em silêncio na sala de aula mesmo quando queremos conversar com o colega. É o que nos ajuda a permanecer sob controle mesmo quando algum carro entra na frente do nosso sem avisar.

O controle inibitório nos permite, enfim, agir de forma rápida e racional mesmo diante de situações desafiadoras. Uma inibição bem desenvolvida pode nos ajudar a ter um bom desempenho em nossas relações pessoais e profissionais.

Muitas vezes pensamos no controle emocional infantil como algo que pode ser desenvolvido a qualquer momento. Nós esperamos que as crianças, mesmo as pequenas, aprendam a hora exata de agir ou não agir, queremos que elas saibam resolver conflitos sem chorar ou até mesmo controlar impulsos diante da raiva. No entanto, antes de esperarmos que elas tenham essas habilidades, é necessário ter a compreensão fundamental de que as crianças precisam, primeiro, desenvolver a capacidade de autorregulação e de controle inibitório para tomar decisões mais racionais ao longo do caminho.

E por que é importante entendermos isso?

Porque não podemos esperar das crianças comportamentos e atitudes que elas ainda não podem ter. Por exemplo, alimentar a expectativa de que uma criança de 3 anos lide bem com a raiva ou a frustração de não poder ficar até mais tarde no parquinho ou pretender que uma criança de 4 anos fique sentada quieta prestando atenção na professora sem se levantar nem conversar.

Por meio desse entendimento podemos, então, parar de chamar as crianças de manipuladoras, terríveis, e de dizer que elas estão agindo de propósito para nos atacar. Para uma criança conseguir manipular um adulto, ela precisaria ser capaz de interpretar o que esse adulto está pensando, perceber o que ele está sentindo diante de determinada situação, em seguida armar um plano racional para enganar o adulto e executá-lo a seu favor.

A questão é que, até por volta dos 6 anos, nenhuma criança pode agir assim simplesmente porque, como vimos anteriormente, a parte cognitiva envolvida no controle de suas atitudes ainda não está desenvolvida. Na maioria das vezes, as crianças choram e fazem birra porque é assim que conseguem demonstrar o que sentem. Elas precisam buscar maneiras de ter suas necessidades físicas e emocionais atendidas.

Por isso é tão necessário entendermos a ciência por trás do comportamento infantil. ==As funções executivas de uma criança ainda estão em desenvolvimento e dependerão não somente da biologia que envolve esse processo de amadurecimento como também do modelo de relacionamento, dos estímulos que receberá e da qualidade das interações que manterá com outros adultos durante a infância e a adolescência.==

DIA 6

A SOBRECARGA E O ESGOTAMENTO PARENTAL

Precisamos compreender mais profundamente o esgotamento físico e emocional dos pais, que pode levar a sentimentos de solidão, desespero, à dificuldade para cuidar dos filhos, de ter prazer nesse papel e até mesmo à vontade de "sumir do mapa".

É importante falar disso e compreender que a sobrecarga mental impacta o cérebro de quem cuida da criança, podendo levar ao esgotamento parental e impactar negativamente o relacionamento com os filhos.

Como cuidadores, tendemos a nos concentrar nas necessidades das crianças e a dedicar tanto tempo e energia a elas que acabamos negligenciando nossas próprias necessidades. E o resultado disso pode ser um esgotamento parental, um grande esgotamento físico e emocional. Uma condição na qual se pode ficar tão exausto que sente que não tem mais nada para dar.

O problema com o esgotamento parental e a sobrecarga materna é que muita gente pensa que se sentir exausto é parte normal da vida de quem tem filhos. O pior de tudo é que a maioria dos cuidadores se sente envergonhado ou culpado por se sentir exausto e esconde seus sentimentos. Mas não fazer nada quando os sintomas aparecem pode prejudicar sua saúde mental.

Cuidar de filhos pode ser muito desafiador, e, quando as dificuldades são vivenciadas como crônicas ou constantes, podem causar exaustão física, mental e emocional, acumulada com o estresse crônico causado pela preocupação e pelos cuidados com os filhos.

Criar filhos é um trabalho bastante desafiador, e os "frutos" da dedicação dos pais levam muitos anos para serem "colhidos"; além disso, os pais precisam se humanizar e reconhecer que também são vulneráveis. Sair do pedestal de perfeição é fundamental nessa jornada.

Desde o nascimento, as crianças podem nos colocar sob estresse considerável. A condição de cuidador nos confronta com uma gama de preocupações diárias como cuidar, alimentar, proteger, resolver conflitos entre irmãos, problemas comportamentais ou até mesmo complicações na saúde dos filhos. Quando se carece cronicamente dos recursos emocionais necessários para lidar com os estressores infantis, corre-se maior risco de ter esgotamento parental.

Se você está lidando com um esgotamento, é como se seu tanque de combustível estivesse vazio e não houvesse um posto nos próximos quilômetros. Há uma sensação de ausência mental e física semelhante ao sentimento que a culpa pode causar.

Você pode ter sido empurrado para o esgotamento por várias razões, como as expectativas da sociedade em relação ao seu papel, sua própria percepção de como é cuidar de filhos ou a falta de ajuda, de autocuidado, de apoio. A falta de conhecimento para lidar com o comportamento desafiador das crianças também é um fator de peso para essa condição.

O esgotamento pode causar um distanciamento emocional do seu filho e uma grande e frequente irritabilidade. Você também pode notar esquecimentos, aumento de sentimentos de ansiedade ou até depressão, e muitas mães chegam a questionar sua real capacidade de cuidar de uma criança. Sentimentos de inadequação, confusão e isolamento são comuns.

Ao contrário do que acontece num emprego formal, as mães não têm férias remuneradas nem podem pedir afastamento de seu papel de mãe, o que pode piorar esses sintomas.

Cuidadores com esgotamento muitas vezes se sentem presos a seus papéis. E também podem sofrer consequências mais graves do que as pessoas que sofrem de esgotamento no trabalho, como ideações suicidas e de fuga.[3]

Mikolajczak e colegas descobriram que essas ideações eram mais frequentes no esgotamento parental do que no esgotamento profissional ou na depressão.[4]

O esgotamento também pode tornar os cuidadores violentos ou negligentes com os filhos mesmo quando se opõem a esses comportamentos, pois esse esgotamento os leva a práticas parentais coercitivas ou punitivas, podendo aumentar a incidência de maus-tratos infantis.

Pessoas que criam filhos sozinhos ou que têm crianças com necessidades especiais enfrentam agentes estressores crônicos e prolongados. Elas estão expostas a maior risco de vulnerabilidade e problemas de saúde mental.

Se o seu esgotamento estiver causando ideias suicidas, é importante entrar em contato com um profissional de saúde mental para obter apoio profissional imediatamente.

Mudanças práticas que você pode fazer a partir de hoje

A maioria dos pais experimentará em algum momento um desgaste parental leve a moderado, especialmente nos primeiros anos dos filhos. No entanto, se você estiver se sentindo exausto, reavalie sua forma de ver e levar a vida. Procure oportunidades de diminuir o estresse um pouco a cada dia e priorize o que é importante para você, começando pelo autocuidado. Se está percebendo sintomas de esgotamento, aqui estão algumas mudanças que você pode e deve colocar em prática o mais rápido possível.

1. Tenha um hobby
Faça coisas de que gosta e que lhe tragam alegria e prazer. Volte a praticar seu esporte preferido, a tocar um instrumento ou a frequentar as aulas de dança que tanto amava antes de ter filhos.

2. Busque o crescimento pessoal, uma mudança profissional ou priorize áreas de sua vida pelas quais você é grato
Essa reavaliação e a mudança de perspectiva podem não eliminar as circunstâncias difíceis da sua vida, mas certamente fornecerão muitos recursos extras para ajudar você a superar as dificuldades que está vivendo.

3. Compartilhe o que sente
O compartilhamento aberto e sincero de sentimentos de esgotamento pode ajudar você a receber apoio de outros adultos. Esse é um recurso muito necessário para quem enfrenta os desafios vivenciados com os filhos.

Falar sobre o que sentimos aumenta a atividade cerebral no córtex pré-frontal e diminui na parte primitiva, que sente e nos faz agir por impulso. Ou seja, quando transformamos sentimentos em palavras, estamos usando a razão para solucionar os problemas causados pelas emoções.

Traduzir sentimentos em palavras produz efeitos terapêuticos no cérebro. Quando fazemos isso, aumentamos o nível de ativação do córtex pré-frontal, o que produz uma resposta reduzida na amígdala cerebral.[5]

> CRIAR FILHOS É UM TRABALHO BASTANTE DESAFIADOR, E OS "FRUTOS" DA DEDICAÇÃO DOS PAIS LEVAM MUITOS ANOS PARA SEREM "COLHIDOS".

O psicólogo americano James Pennebaker fala em seus livros sobre o quanto a escrita expressiva melhora a saúde e alivia a dor emocional. Segundo ele, a saúde física e psicológica das pessoas melhora quando elas falam ou escrevem a respeito de seus problemas.[6]

Expressar uma experiência emocional por meio da linguagem, falando ou escrevendo sobre ela, altera a maneira como ela é representada e entendida em nossa mente e em nosso cérebro, estimulando o córtex pré-frontal a se envolver mais na resolução do problema.

==Uma grande dificuldade enfrentada por cuidadores que se sentem esgotados está no fato de que eles muitas vezes se percebem isolados e envergonhados, o que pode impedi-los de ter um diálogo saudável com pessoas que os apoiam.==

Eu sei que admitir que você tem dificuldades no relacionamento com seus filhos nem sempre é fácil, porque infelizmente a maioria das pessoas está pronta para julgar e apenas uma pequena minoria se dispõe a ajudar ou apoiar, mas é importante buscar adultos de confiança ou até mesmo terapias para compartilhar seus sentimentos mais desafiadores.

O primeiro passo é entender que você não é a única pessoa a passar por situações como essa. Falar abertamente sobre seu esgotamento pode eliminar um pouco do sentimento de vergonha que o esgotamento parental pode carregar.

Dicas para evitar o esgotamento

1. Pratique uma atividade física
Os exercícios aumentam os hormônios do bem-estar em seu corpo e podem ajudar a reduzir o estresse e a depressão. Exercitar-se não significa que você precisa ir à academia todos os dias; uma caminhada de meia hora perto de casa

já pode ajudá-lo a se sentir melhor e dar o impulso de que você precisa para o primeiro passo em direção à mudança.

2. Fique atento à sua alimentação
Abasteça o seu corpo com alimentos ricos em nutrientes. Evite doces, café ou comida ultraprocessada, porque eles diminuirão ainda mais sua energia física.

Um corpo bem alimentado e saudável é essencial para que você tenha mais disposição para realizar as tarefas básicas do seu dia a dia. Priorize cuidar de sua saúde física, evite pular refeições ou substitui-las por fast food e guloseimas.

Saúde física e emocional andam juntas.

3. Aumente suas habilidades emocionais
Aprender novas formas de se relacionar com seus filhos, mudar o olhar para cada um deles e especialmente rever o modo como você se cobra em seu papel de cuidador são atitudes essenciais para conseguir promover mudanças positivas.

Procure cursos ou terapias para ajudar você a desenvolver a inteligência emocional e a compaixão em suas relações, primeiro consigo e, depois, com os outros.

4. Faça pequenas pausas
O autocuidado é um componente vital da recuperação de qualquer tipo de estresse, mas nem todos os pais conseguem sair de casa e muito menos viajar sozinhos para se recuperar da exaustão de uma rotina com filhos.

Por isso, pequenas pausas podem ajudar muito. Por exemplo, trancar a porta do banheiro por cinco minutos para respirar fundo ou ficar um pouco no carro para ouvir uma meditação guiada após as compras no mercado. Esses momentos podem aumentar a sua sensação de bem-estar.

Quando fizer essas pausas, busque recalibrar seu pensamento. Como anda sua conversa interna? Você reconhece suas qualidades? Ou apenas se cobra e aponta defeitos?

Reconheça a pressão que pode colocar em si mesmo sobre como deveria estar agindo ou se sentindo, e se lembre de que está fazendo o melhor que pode com os recursos que tem atualmente.

Criar filhos pode ser gratificante e desafiador ao mesmo tempo. Sentir-se exausto e perdido é natural, especialmente nos primeiros anos de vida da criança. Mas reconhecer os sintomas do esgotamento parental pode ajudar a acabar com eles antes que piorem.

5. Pratique a autocompaixão e o amor-próprio

Ser capaz de cuidar de si mesmo, sem diálogos internos negativos, é o maior ato de amor-próprio. Somos sempre os maiores críticos de nós mesmos e automaticamente presumimos que, quando as coisas não saem como planejado, somos os culpados.

Quando perceber que está pensando coisas negativas sobre si, respire fundo e troque cada pensamento negativo por um positivo. Concentre-se no que está sob seu controle e reconheça as coisas que não estão. Ao se concentrar no momento, você pode se tornar uma mãe ou um pai mais atencioso enquanto cuida de si e de seus filhos.

6. Busque ajuda profissional se necessário

Consultar um profissional de saúde mental ajudará você a entender que tipo de apoio seria melhor no seu caso. Existem muitas opções disponíveis, como terapia individual, terapia de casal e programas de terapia em grupo.

DIA 7

O PODER DA AUTOCOMPAIXÃO

Ter autocompaixão é ser gentil consigo mesmo, ainda que as coisas não aconteçam da maneira que você espera ou deseja. É estar ciente de seus sentimentos e tratar de si com o mesmo afeto, cuidado e compreensão que dedicaria a alguém que você ama ou com quem se importa.

Também é reconhecer que lutas e desafios fazem parte da vida e que todos passam por eles. Essa é uma habilidade que pode ser aprendida e praticada em qualquer tempo da vida, mas quanto antes melhor.

Como pai, mãe ou cuidador, às vezes você pode se julgar duramente ou se comparar a outros cuidadores, e essa atitude traz muita angústia, culpa e senso de incapacidade em relação à educação dos filhos.

A autocompaixão ajuda você a ser mais gentil consigo mesmo enquanto navega pelos desafios de criar e se relacionar bem com seus filhos. E isso é importante para todos os membros da família.

Esse sentimento também melhora sua saúde mental, o bem-estar, e pode reduzir o estresse e a ansiedade. Com isso, fica mais fácil para você dar ao seu filho o que ele precisa para crescer e se desenvolver bem.

Desenvolver a autocompaixão faz de você um melhor modelo para o seu filho. Quando mostra bondade consigo mesmo, você está ajudando sua criança a aprender que cometer erros faz parte. Depois que eles acontecem, nós perdoamos a nós mesmos e tentamos fazer melhor da próxima vez. Isso ajuda seus filhos a desenvolverem a autocompaixão também.

Se você está achando difícil ser gentil consigo mesmo, lembre-se do que algumas pesquisas recentes já comprovaram.

Um estudo sobre autocompaixão feito por Suzanne Robinson[7] descobriu que pais autocompassivos de filhos adultos com deficiências de desenvolvimento tendem a apresentar níveis mais baixos de estresse e depressão. Outro estudo, realizado por Amy Mitchell e colegas,[8] forneceu às mães australianas recursos e exercícios de autocompaixão – por exemplo, imaginar como apoiariam outra pessoa, lembrar que não estão sozinhas e se presentearem com pequenos atos de gentileza.

As mães que utilizaram os recursos relataram se sentir mais autocompassivas em comparação às mães que não o fizeram, e ficaram menos estressadas e mais satisfeitas para lidar com os desafios da amamentação após a intervenção.

Tomados em conjunto, esses estudos sugerem que a autocompaixão pode ser um recurso útil para construir a resiliência e um amortecedor protetor contra críticas internas e externas.

Cinco passos para ajudar você a desenvolver a autocompaixão

Como tudo na vida, esse aprendizado é um processo e precisa de treinamento e prática. Aqui vão algumas dicas práticas para ajudar você a desenvolver o hábito da autocompaixão.

1. Atente-se aos seus pensamentos

Tente identificar quando você estiver sendo duro consigo. Por exemplo, você pode dizer a si mesmo que é a pior mãe ou o pior pai do mundo depois de perder a paciência com sua criança. Ou se seu filho adolescente for rude e desrespeitoso, você pode sentir que falhou e que não foi bem-sucedido em educá-lo.

Quando esses pensamentos ou sentimentos chegarem, pergunte-se:

- O que estou dizendo a mim mesmo é verdade? Ou é apenas como estou me sentindo neste momento?
- Eu falaria assim com um amigo ou alguém de quem gosto, alguém que respeito?

2. Faça pausas rotineiras de autocompaixão

Durante a exaustão e a confusão de ser mãe ou pai pela primeira vez, você pode se perguntar como foi que deixaram você sair do hospital com o bebê? Por que amamentar não é magicamente fácil? Onde você colocou as fraldas? Quando vai poder tomar um banho com calma?

Esses são os momentos em que você pode tentar fazer uma pausa de autocompaixão. Como é isso?

Primeiro, aceite o momento de sofrimento com uma afirmação: "Sim, isso é difícil mesmo e dói". Em seguida, reconheça que outros pais de primeira viagem se sentiram assim; provavelmente todas as mães e pais de primeira viagem do planeta.

Sabemos que nem sempre é possível fazer uma pausa quando estamos lutando para acalmar uma criança que chora. Nesse caso, reserve um momento após a crise passar para lembrar de ser gentil consigo. Você também pode colocar a mão no coração, como um gesto de conforto para si mesmo, ou ainda se dar um abraço. Isso pode parecer estranho, mas experimente. Pode ajudar nos momentos desafiadores de solidão e angústia.

3. Lembre-se de que criar filhos é um trabalho importante

Criar, cuidar e educar outro ser humano é extremamente desafiador. Tentamos fazer o que é melhor para nossos filhos, mas às vezes cometemos erros e não conseguimos controlar tudo. Acredite, é natural e faz parte dessa jornada achar as coisas difíceis ou precisar de ajuda, apoio e conselhos.

É importante reconhecer que você está fazendo o seu melhor, mesmo quando tudo parece estar desafiador demais. Se sentir que não está se dedicando como deveria, ajuste sua rotina e seu comportamento para ficar mais feliz e orgulhoso de suas próprias atitudes.

Estar lendo este livro já é um motivo para se abraçar e celebrar a sua busca por conhecimento para melhor educar.

4. Diga alguma coisa gentil para você

Pense em como encorajaria um amigo na mesma situação. Você pode dizer coisas como:

- *Estou tentando o meu melhor e estou aprendendo enquanto sigo em frente.*
- *Outros pais também acham isso difícil. Não estou sozinho nessa.*
- *Tudo bem se eu não tiver todas as respostas agora. Vou seguir buscando aprendizado e evolução.*
- *As coisas têm sido muito difíceis ultimamente e eu preciso tirar um tempo para cuidar de mim.*

Você também pode pensar em como fazer as coisas de um jeito diferente em outro momento, em vez de dar atenção demais ao que não correu bem desta vez. Por exemplo:

- Ajustar sua rotina reduziria o estresse e o conflito na família?
- Fazer ginástica ou ter um tempo maior de sono ajudaria você a lidar com situações estressantes?
- Há uma pessoa para quem você possa pedir ajuda? Seu parceiro, um membro da família ou um amigo?
- Que tal se abrir e conversar sobre o que sente com alguém em quem confia?

5. Visualize a presença de alguém importante para você quando precisar de apoio emocional

Imagine a angústia de uma mãe/pai quando seu filho pequeno chora sem parar dentro de um avião. A criança chora por ser obrigada a ficar sentada quieta por horas a fio, e os pais não podem fazer nada a não ser enfrentar os olhares das outras pessoas nos assentos ao redor, implorando silenciosamente que aquela cena termine.

Quando passar por momentos como esse, experimente fazer este exercício: afaste esses olhares visualizando um querido amigo, parceiro ou pai/mãe ao seu lado, dando a você apoio e ajuda.

Muitas vezes, me lembro do tom gentil e do calor da voz do meu pai quando tenho alguma dificuldade com meus filhos. A presença dele na minha mente me tranquiliza, mesmo que ele não esteja fisicamente ao meu lado.

Na verdade, a nossa capacidade de autocompaixão é muitas vezes formada pela relação que temos com nossos pais. Um estudo de 2015 realizado por Pepping e colegas[9] descobriu que os participantes que se lembravam dos pais como frios e pouco acolhedores eram mais propensos a se sentir ansiosos em relação aos seus relacionamentos íntimos e, por sua vez, tendiam a ter níveis mais baixos de autocompaixão.

==Mesmo que você não tenha crescido com um bom modelo de autocompaixão, tente lembrar que essa é uma habilidade que você pode desenvolver através da prática. Quando sentir a autocrítica tomar conta de seu ser, coloque a mão no coração e se trate com a mesma gentileza que trataria um amigo que está sofrendo.==

Praticar a autocompaixão pode ser difícil no começo, especialmente se você tende a ser muito autocrítico. Mas reservar um momento para fazer uma pausa e perceber como está se sentindo é um primeiro passo importante do qual você pode se orgulhar, principalmente no seu papel como pai ou mãe.

DIA 8

COMBATENDO O VÍCIO EM TELAS

Segundo uma pesquisa feita pela McAfee,[10] os jovens brasileiros são os que mais usam aparelhos digitais no mundo. A taxa de uso chega a 96% e fica acima da média global, que é de 82%. Entre os adolescentes brasileiros, 95% dizem que usam o smartphone desde muito cedo, 19% acima da média mundial.

Um estudo feito pelo neurocientista Michel Desmurget[11] demonstra que a média mundial de uso das telas é de três horas diárias para menores de 2 anos e de cinco horas para os de 8 anos. Considerando que um ano letivo tem em torno de 180 dias, o estudo concluiu que, antes de completar 18 anos, eles terão passado trinta anos letivos diante das telas, ou dezesseis anos de trabalho em tempo integral.

Importante dizer que, de acordo com a Associação Americana de Pediatria, uma criança de 0 a 2 anos não deveria ter nenhum acesso ao uso de telas, no entanto mais da metade das crianças de 0 a 3 anos convive com dispositivos eletrônicos. O problema é que essa é uma fase crucial do desenvolvimento infantil, uma época de pleno desenvolvimento do cérebro humano e de importantes interações sociais, fundamentais para o aprendizado da fala e de habilidades de socialização.

O Departamento de Saúde dos Estados Unidos emitiu recomendações de limites para o tempo de tela como uma de suas prioridades de melhoria da saúde. O objetivo-chave seria a prevenção de doenças. As crianças de 0 a 2 anos não devem, nesse sentido, ser expostas à televisão, a vídeos ou a jogos de videogame, pois esse é um momento de desenvolvimento cerebral crítico. E o aumento do índice de crianças com atraso de fala atualmente está ligado ao uso de telas nessa faixa etária.

Para crianças de 2 a 5 anos, é sugerido um tempo de uso de telas de no máximo uma hora por dia. É uma redução de 50% nos limites recomendados anteriormente pela Academia. A política atual aconselha os pediatras a educarem os pais sobre a importância do desenvolvimento do cérebro humano nos primeiros anos da infância. A exposição exagerada às telas aumenta as chances de distúrbios mentais, transtornos, obesidade, sedentarismo e problemas do sono.

O problema não está em usarmos a tela com discernimento, mas, sim, em extrapolar, e muito, os limites saudáveis de uso, especialmente na infância. Sim, as crianças gostam de jogar no smartphone dos pais ou de assistir a vídeos do YouTube. Com a correria da vida e muitas vezes lidando com a indisponibilidade emocional para dar atenção de qualidade aos filhos, cada vez mais os pais acham difícil cuidar deles por um longo período sem fornecer o celular para se entreterem.

E, assim, os pais acabam usando o celular ou tablet como a chupeta moderna. A criança chorou? Toma o celular! A criança está irritada porque quer brincar, mas não pode? Toma o celular! A mãe está sem disposição, após um longo dia de trabalho, para dar atenção aos filhos? Toma o celular!

Existe, porém, outro ponto a ser levado em consideração. Os pais também estão viciados no celular, e o pouco tempo livre de que dispõem ao longo do dia normalmente é dedicado a esse aparelho, e não à família. E isso deflagra uma grande distância emocional entre pais e filhos. Corpos fisicamente presentes, mas emocionalmente ausentes. E a solidão se instala na vida da criança, que é bem-comportada e silencia quando está diante de algum aparelho, mas sofre e chora quando não o tem.

Esse hábito está formando uma geração de crianças com atraso de fala, dificuldade de foco, de aprendizado, que não se movimenta, que não pratica atividades físicas, que se torna obesa por falta de movimento e se vê desprovida da capacidade de socializar ou estar envolvida em outras atividades. Sim, tudo isso afeta a saúde emocional, mental e física do ser humano.

A prática aparentemente inofensiva de permitir o uso de telas pelos nossos filhos por longos períodos pode ter efeitos prejudiciais no cérebro deles, uma vez que as crianças têm grande facilidade para se tornar viciadas.

Mas, afinal, o que significa ter vício em telas?

O vício em telas é descrito como um grupo de comportamentos negativos com resultados negativos que podem ocorrer quando usamos excessivamente a tecnologia ao longo do dia. Jogar videogame constantemente, assistir à TV ou navegar pelas redes sociais sem hora para sair pode desenvolver esse problema.

Tal hábito funciona como uma espécie de droga digital para o cérebro. Passar de uma tela para outra, de um vídeo para outro, libera grandes quantidades de dopamina, conhecida como hormônio do prazer, o que aumenta a sensação de euforia e dificulta o controle de impulsos. O tempo de tela, ao que parece, tem um impacto semelhante ao da cocaína no córtex pré-frontal humano, pois ativa o sistema de recompensa, o mesmo que é ativado quando um indivíduo usa álcool ou droga.

Na realidade, as características da dopamina estão ligadas à motivação ou a um estímulo reforçador, com destacada atuação no sistema de recompensa cerebral. A sensação de prazer tem outros componentes químicos envolvidos.

A dopamina, no entanto, é uma molécula fundamental em um processo que ocorreu ao longo de milhões de anos de evolução: o corpo instintivamente evita a dor e procura bem-estar e segurança. Quando a dopamina é liberada devido a algo que fazemos ou ingerimos, seus níveis sobem e o corpo sente prazer e euforia. É por isso que buscamos recriar essa sensação.

A dopamina foi identificada pela primeira vez como um neurotransmissor no cérebro humano em 1957 por dois cientistas que trabalhavam de forma independente: Arvid Carlsson e sua equipe em Lund, na Suécia, e Kathleen Montagu, na região de Londres. Carlsson ganhou o prêmio Nobel de Fisiologia ou Medicina com seus estudos. A dopamina não é o único neurotransmissor envolvido no processamento de recompensas, mas a maioria dos neurocientistas concorda que ela está entre os mais importantes.

Um experimento com ratos de laboratório revelou que algumas substâncias fazem disparar esse neurotransmissor acima dos níveis basais: chocolate: +55%; sexo: +100%; nicotina: +150%; cocaína: +225%; anfetaminas: +1.000%. Efeitos semelhantes a esses acontecem no corpo humano.[12] Por exemplo, ao se comer chocolate, aumenta em 55% a liberação de dopamina, o que significa que o alimento proporciona reações de prazer e euforia superaumentadas.

No entanto, o organismo sempre tenta restabelecer o equilíbrio interno. Esse mecanismo é chamado de **homeostase**. Se o nível de dopamina sobe muito, o corpo tenta compensar o outro lado da balança, trazendo os níveis para baixo.

E então acontece aquela "baixa" no humor após qualquer experiência prazerosa. Às vezes, essa descida ocorre de forma óbvia, como a ressaca após uma bebedeira. Mas também acontece quando os pais tentam tirar o tablet ou o celular dos filhos. Isso explica parte das alterações de humor e de comportamento nas crianças quando os pais retiram suas telas.

O problema é que, quando o corpo está tentando recuperar esse equilíbrio, a dopamina despenca em queda livre e não volta apenas a níveis basais: ela cai abaixo deles. Então, para cada prazer há um custo. E o custo é uma sensação temporária da abstinência de uma substância. Algo universalmente traduzido em ansiedade, irritabilidade, depressão e fissura pela "droga" de preferência; no caso específico abordado neste livro, a tela.

O uso da tela desencadeia um ciclo de prazer/recompensa que, assim como as drogas, pode ter um impacto negativo em sua vida, pois pode desenvolver um transtorno de dependência. Seus impactos no comportamento são muito grandes, principalmente nas crianças.

Com a dependência, vem o aumento da tolerância

Com repetidas exposições aos estímulos que viciam, sejam substâncias ou comportamentos, começa um processo muito conhecido no mundo do vício: a tolerância.

O cérebro passa a necessitar de doses cada vez maiores e mais frequentes para obter a mesma sensação das primeiras vezes, e isso explica por que as crianças começam com pouco tempo de uso e, sem um limite estabelecido pelos pais, passam de uma para cinco, seis, sete horas de uso de telas por dia. O corpo vai "pedindo" cada vez mais, e a tolerância também aumenta. É aí que mora o perigo, nos excessos.

Muitas clínicas psiquiátricas tratam casos graves de dependência tecnológica. Esse fato mostra que os atrativos surgidos com a internet e a tecnologia digital massificaram e banalizaram a dinâmica dos disparos de dopamina no corpo humano e da compulsão.

Os casos graves de dependência são, na verdade, um alerta para todos nós, pois representam uma versão extrema do que somos capazes de nos tornar.

Neuroadaptação: o prazer excessivo reduz a capacidade de tolerar a dor

Resumindo o título desta seção de maneira breve e simples, quanto mais prazeres seu filho experimentar, menor será a tolerância dele para lidar com as frustrações e dificuldades que surgem no caminho. Vamos olhar com mais cuidado para essa afirmação.

Sabemos que as crianças pequenas não conseguem lidar racionalmente com o que sentem por conta de sua imaturidade cerebral, mas o natural é que, ao longo do desenvolvimento do cérebro infantil e das vivências, especialmente com seus cuidadores, a criança aprenda ao longo dos anos a se relacionar, a se autorregular e a enfrentar, com o apoio dos pais, as dificuldades que surgem pela frente.

A questão é que, hoje em dia, as crianças passam grande parte de sua vida em frente a uma tela, e os pais, também. Isso roubou a oportunidade de fazê-las experimentar os relacionamentos e as interações sociais como parte fundamental de sua infância.

O vício em telas as colocou imersas em uma busca constante por entretenimento e por prazer, produzindo altas doses de dopamina em seu cérebro e diminuindo cada vez mais a tolerância a frustrações naturais da vida, por menores que sejam.

Mesmo na adolescência, quando já apresentam um amadurecimento maior de seu córtex pré-frontal, é comum os jovens permanecerem sem habilidades emocionais e sociais importantes, pois não as desenvolveram ao longo da infância devido ao uso excessivo das telas.

Todos nós experimentamos o desejo de ter prazer. Seja comendo mais uma batata frita ou clicando no comando para começar outra rodada no videogame, é natural querer recriar e manter essas sensações.

Mas há um problema com isso. Com a exposição repetida ao mesmo estímulo de prazer, o desvio inicial para o lado do prazer fica mais fraco e menor, e a pós-resposta ao lado da dor fica mais forte e mais longa, um processo que os cientistas chamam de neuroadaptação. Ou seja, com a repetição, precisamos mais e mais de nossa droga de escolha para obter o mesmo efeito.

Precisar de mais de uma substância para sentir prazer, ou experimentar menos prazer em determinada dose, é chamado de **tolerância**, um fator importante no desenvolvimento do vício. Com o uso prolongado e pesado de drogas, o equilíbrio prazer-dor acaba pesando mais para o lado da dor.

A neurocientista Nora Volkow e colegas[13] mostraram que o consumo pesado e prolongado de substâncias com alto teor de dopamina termina por levar a um estado de déficit de dopamina. Volkow examinou a transmissão de dopamina no cérebro de controles saudáveis em comparação com pessoas viciadas em uma variedade de drogas duas semanas depois de pararem de usar.

As imagens cerebrais são impressionantes. Nas imagens de controles saudáveis, uma área do cérebro associada à recompensa e à motivação fica vermelho-brilhante, indicando altos níveis de atividade do neurotransmissor de dopamina. Nas fotos de pessoas com vício que pararam de usar a droga duas semanas antes, a mesma região do cérebro mostra pouco ou nenhum vermelho, indicando pouca ou nenhuma transmissão de dopamina.

==O paradoxo é que a busca por prazer constante leva à incapacidade de desfrutar de qualquer tipo de prazer. O resultado disso são adultos e, principalmente, crianças insatisfeitos, entediados e que querem sempre algo mais.==

A ciência ensina que todo prazer exige um preço, e a dor que o segue é mais duradoura e mais intensa do que o prazer que deu origem a ela. Com a exposição prolongada e repetida a estímulos prazerosos, nossa capacidade de tolerar a dor diminui, e o limiar para experimentar o prazer aumenta.

Isso também explica por que afastar as crianças das telas pode ser tão desafiador para os pais. A dor da frustração de abrir mão das altas doses de prazer que a dopamina causa no corpo é quase insuportável para uma criança, mas é preciso ter firmeza para ajudar os filhos a saírem das telas e voltarem à vida.

Equilibrar os dois lados da balança, o prazer e a dor, é fundamental para a saúde mental. Somos incapazes de esquecer as lições de prazer e de dor, pois essas sensações deixam memórias registradas em nosso hipocampo que podem durar a vida toda.

Sem prazer, não comeríamos, beberíamos nem nos reproduziríamos. Sem dor, não nos protegeríamos de ferimentos, de acidentes e da morte. Ao elevar nosso vício por prazeres repetidos, nos tornamos lutadores incansáveis, nunca satisfeitos com o que temos e sempre procurando por algo a mais.

Mas a dor do tédio por trás da frase "não tenho nada para fazer" é mais positiva para as crianças do que o prazer das telas, pois no ócio elas podem ter espaço para usar a criatividade e aprender novas formas de estar e de se relacionar com o ambiente e as pessoas ao seu redor. No tédio, as crianças buscam opções e florescem. Basta lembrar como era na "nossa época": uma infância sem telas.

Há algumas décadas, as crianças brincavam até mesmo com tampas de panelas, com o rolo do papel higiênico, contavam formigas no quintal ou escorregavam de barriga na espuma do sabonete espalhada no chão do banheiro. As telas roubaram a infância; o problema é que justamente nessa fase da vida é construída a base da vida humana.

Transtorno de dependência de telas nas crianças

Como as crianças são incapazes de controlar o tempo que passam diante das telas, podem enfrentar falta de sono, atraso na fala e habilidades sociais deficientes. O vício em telas faz muitas crianças esquecerem até mesmo da rotina regular de comer, estudar

O VÍCIO EM TELAS COLOCOU AS CRIANÇAS IMERSAS EM UMA BUSCA CONSTANTE POR ENTRETENIMENTO E POR PRAZER, PRODUZINDO ALTAS DOSES DE DOPAMINA EM SEU CÉREBRO E DIMINUINDO CADA VEZ MAIS A TOLERÂNCIA A FRUSTRAÇÕES NATURAIS DA VIDA, POR MENORES QUE SEJAM.

e outras atividades. Algumas delas não deixam as telas nem nos momentos das refeições, e comem sem sentir o gosto do alimento ou sem a percepção de estarem ou não satisfeitas.

Quando se vicia, a criança pode se distanciar gradativamente de todas as suas atividades rotineiras e de seus familiares. Ela também pode ter dificuldade para se concentrar e prestar atenção, o que resulta em um declínio do interesse pelos estudos. Devido à dependência da tecnologia, também apresenta problemas de memória e aprendizado.

A melhor maneira de saber se a tecnologia em geral se tornou um problema para seu filho é procurar sinais de alerta que indiquem essa dependência. O vício em TV e eletrônicos pode exibir os mesmos sinais de qualquer outro tipo de vício:

- As crianças mostram grande resistência a sair das telas. Se seus filhos fazem birra, ficam irritados ou agem com uma raiva incontrolável quando você interrompe uma sessão de tela, isso pode ser indicação clara de uma grande dependência.
- Seu filho não gosta da escola e quer voltar logo para casa. Descubra se isso pode ter a ver com o uso exagerado da TV ou de outros eletrônicos. Há crianças que querem voltar para casa para usar as telas.
- Seu filho fica acordado até tarde porque perde o sono devido ao uso da televisão ou do celular. Padrões irregulares de sono e perda consistente de sono podem afetar o aprendizado e as habilidades cognitivas de uma criança e precisam ser abordados imediatamente.
- Seu filho sempre escolhe os eletrônicos em detrimento de outras atividades sociais e divertidas: ele provavelmente atingiu um nível prejudicial de dependência.
- Quando você tenta limitar o tempo de uso da tela, seu filho tende a ficar agressivo ou tem ataques de choro.

- Aos poucos, seu filho está se afastando da família e mostrando desinteresse por atividades que não estejam ligadas aos dispositivos eletrônicos.
- Seu filho não tem entusiasmo por esportes, livros e outras coisas relevantes.
- Você notou um aumento na ansiedade dele.

Alguns efeitos adversos do uso da tela

1. Problemas de comportamento
Crianças no ensino fundamental que passam mais de duas horas por dia assistindo à TV ou usando o computador têm maior probabilidade de ter problemas emocionais, sociais e de atenção.

2. Efeitos sobre o sono
Crianças de todas as idades, mas principalmente menores de 10 anos, têm um tempo de sono inadequado por passar muitas horas em frente a telas, principalmente em dispositivos portáteis. Como a luz da tela interrompe o ciclo natural do sono do cérebro, pode causar insônia.

3. Efeito sobre o nível de atividade física e a obesidade infantil
O efeito do nível de atividade física sobre a obesidade infantil é um tema significativo na saúde pública, e o hábito de assistir à muita televisão tem sido amplamente associado a esse problema. A atividade física regular é fundamental para o desenvolvimento saudável de crianças e adolescentes. Crianças que se envolvem regularmente em atividades físicas tendem a ter um menor índice de massa corporal (IMC) e menos gordura corporal em comparação àquelas com estilos de vida mais sedentários.

4. Efeitos na cognição e no desenvolvimento do cérebro

Pesquisas indicam que crianças que usam telas por mais de duas horas por dia têm desempenho pior em testes de linguagem e raciocínio e tiram notas mais baixas.

5. Atrasos na fala

O uso abusivo de telas (como smartphones, tablets e televisão) pode ter um impacto negativo no desenvolvimento da fala e da linguagem em crianças. A redução da interação humana e o tempo excessivo de tela são capazes de reduzir as oportunidades de interações importantes, limitando, assim, a exposição da criança para se comunicar. O uso excessivo de telas também pode afetar a capacidade de atenção das crianças, o que é crucial para aprender novas palavras e conceitos. Muitas vezes, telas oferecem estímulos visuais e auditivos intensos e rápidos, que, embora sejam envolventes, podem sobrecarregar os sistemas sensoriais da criança, dificultando o foco em atividades mais tradicionais de aprendizagem da linguagem, como a leitura e a conversação.

Se você notar algum desses sinais, está na hora de fazer uma intervenção no uso dos eletrônicos. Então, arregace as mangas e prepare-se para recuperar o controle da sua família.

Como agir para mudar essa realidade?

A maioria dos pais é consciente de que as crianças não devem gastar uma quantidade exorbitante de tempo na frente da TV ou de qualquer outro aparelho eletrônico ao longo do dia. Você se sente impotente para frear esse hábito? Impor limites mais rígidos tem sido difícil no convívio com seus filhos?

É preciso reconhecer que boa parte da responsabilidade da fixação dos filhos pelas telas é dos próprios pais. Uma pesquisa conduzida nos Estados Unidos pela Common Sense Media em 2017[14] mostrou que 78% dos adultos de diversas classes socioeconômicas passavam em média 9 horas e 22 minutos na frente das telas, seja de um computador ou do celular.

O estudo também afirmou que a maioria do tempo diante desses dispositivos não tem a ver com trabalho, mas com lazer. Apenas duas dessas horas são dedicadas a assuntos relacionados ao trabalho. Mesmo assim, a maioria desses pais acredita ser um bom exemplo para o filho quanto ao uso desses aparelhos, ainda que a realidade mostre o oposto disso.

Os pais precisam, sim, ter pulso firme na hora de limitar o tempo de exposição aos eletrônicos de seus filhos. Cabe ao adulto fazer isso, pois é para o próprio bem e para a saúde dos filhos.

Evite usar as telas como chupetas para acabar com a birra

Como já foi falado aqui, a Academia Americana de Pediatria estipulou diretrizes para o tempo de exposição das crianças a telas de computadores ou celulares.[15] É necessário, portanto, estabelecer um limite de tempo de uso de telas em diferentes situações do dia a dia do seu filho. Evite, por exemplo, usar as telas como chupetas ou para acabar com a birra. A criança precisa de ajuda para se acalmar, e o ideal é que essa ajuda venha de um ser humano, e não de um aparelho eletrônico.

Esse mecanismo de um adulto ajudar uma criança a se acalmar se chama **corregulação**, e é fundamental para o desenvolvimento de importantes habilidades emocionais na criança. Falo mais profundamente sobre esse mecanismo em meu livro *Por trás das birras*.[16]

Desligue e tire os dispositivos dos quartos sessenta minutos antes de dormir, pois as luzes emitidas pelas telas prejudicam o sono.

Crianças e adolescentes passam muito tempo manuseando smartphones, tablets, consoles de jogos, TVs e computadores. Em média, crianças de 8 a 12 anos nos Estados Unidos passam de quatro a seis horas por dia assistindo ou usando telas, e os adolescentes passam até nove horas.[17]

Sim, eu sei que os eletrônicos são uma ótima maneira de as crianças se divertirem depois da escola, à noite ou nas manhãs de fim de semana. E, sejamos sinceros, também fornecem aos pais uma pausa muito necessária quando estão cansados no fim do dia, ou quando simplesmente precisam ocupar as crianças para poder terminar tarefas importantes do dia ou ainda trabalhar em casa.

Sinceramente, não é de admirar que muitos pais cedam aos limites saudáveis de tempo de tela quando precisam concluir as tarefas. O problema é que, se não houver limites, o uso de eletrônicos pode se tornar um problema sério.

Seis dicas para estabelecer limites saudáveis no uso de eletrônicos

1. Use o "Assim que"

Se seus filhos estão acostumados a assistir à televisão e não cumprem suas obrigações primeiro, como lição de casa, prática musical, esportes etc., considere usar o "Assim que" na sua fala.

O "Assim que" é um dos termos que mais amo, porque ensina a criança sobre a existência de uma condição, e não de uma ameaça. A ameaça é diferente porque diz: "Se você não fizer a lição de casa, não vai assistir à TV". Já com o uso do "Assim que" colocamos uma condição:

- Assim que você terminar a lição de casa, pode assistir à TV.

- Assim que você terminar de esvaziar a lava-louça e tirar o lixo, pode assistir ao seu programa preferido.
- Assim que você terminar seu dever de casa, pode baixar o filme que quer ver.

O "Assim que" é uma ótima maneira de colocar a responsabilidade no colo de seus filhos. Eles sabem o que precisam fazer para usar a TV ou qualquer outro eletrônico. Na vida adulta também é assim, concorda? Primeiro a obrigação, depois o lazer.

Esse método se torna ainda mais poderoso quando você o estabelece como parte de uma rotina. Se seu filho souber que deve esvaziar a lava-louça todos os dias, haverá um momento em que você nem vai precisar mais dizer "Assim que". Ele saberá sozinho. A rotina se torna o "chefe" da casa.

É importante perceber se você não está usando o tempo de tela como meio de recompensa. Isso fará as tarefas e obrigações perderem sua importância, e o único objetivo de cumprir as obrigações será a vontade de usar os eletrônicos. O uso do "Assim que" funciona melhor se o objetivo for um privilégio já estabelecido que só poderá ser desfrutado após a conclusão das tarefas necessárias. Uma condição, e não uma ameaça, percebe a diferença?

==O uso do "Assim que" também elimina a necessidade de repetir a mesma coisa e de negociar com seus filhos diariamente aquilo que ele já sabe que é a obrigação dele.==

Quando você começa a repetir todos os dias a mesma coisa, ou se fica dando ordens o tempo todo, pode, mesmo sem querer, convidar as crianças a entrar em uma grande disputa por poder. Elas se sentem menosprezadas porque isso demonstra que não confia nelas e mostra que não são capazes de fazer qualquer coisa sem seus lembretes constantes (e talvez você realmente pense desse jeito). Essa atitude deixará seus filhos irritados, na defensiva e menos dispostos a colaborar com você.

2. Combine antecipadamente

Combine previamente qual será o tempo diário de tela, peça que o seu filho repita o combinado e estabeleça as consequências se ele não cumprir o tempo estipulado. Qual seria uma consequência lógica caso ele não cumprisse o combinado? Perder o privilégio de assistir à TV por um ou dois dias é uma sugestão.

Você não precisa proibir por um ano; defina um tempo razoável que o faça compreender a importância de cumprir o combinado. A criança precisa entender que ter acesso a tablets, celulares ou jogos não é um direito, mas um privilégio.

3. Mantenha sua palavra

Cumpra sua palavra. Se disser que vai tirar o uso de eletrônicos por dois dias porque seu filho não cumpriu o que vocês combinaram, realmente faça isso. Mantenha-se forte e seus filhos aprenderão que choro ou lamentação não farão você mudar de ideia. E caso encerrado.

Para que tudo caminhe bem, você precisará ser firme. Afinal, queremos que nossos filhos confiem em nossa palavra e também queremos confiar na deles. Então, seja um bom modelo.

4. Lidere pelo exemplo

Nenhum exemplo será mais poderoso que o seu. Se você se sente viciado em telas e dependente delas, o seu filho também será, e você nem poderá chamar a atenção dele por isso.

É importante ter o nosso tempo de TV ou de uso do celular, mas não fique o tempo todo fazendo isso enquanto estiver em casa com seus filhos.

Se gostarmos de atividades ao ar livre, se gostarmos de ler, de cozinhar refeições divertidas, de tocar um instrumento ou de praticar um esporte, nossos filhos vão entender e ser influenciados por esses hobbies saudáveis. Quanto mais cedo pudermos apresentar aos nossos filhos essas alternativas não eletrônicas, melhor.

É fácil demais agir com incoerência e permitir que nossas ações sejam contrárias às expectativas que temos de nossos filhos. Mas fique vigilante e tente praticar aquilo que prega.

5. Dedique tempo com presença emocional para seus filhos

Você sempre pode incentivar a diminuição do uso de tela, sugerindo uma conversa individual com seu filho e decidindo fazer algo de que ele goste nesse tempo.

Passar um tempo com presença emocional com nossos filhos é fortalecedor para eles, proporciona a sensação de importância e valor que tanto desejam. Dar atenção, criar conexão ou fazer uma atividade divertida são atitudes que, repetidas diariamente, alimentarão o emocional de seus filhos, que se tornarão "viciados" em tempo de qualidade com o pai ou a mãe, talvez até mais que nos eletrônicos.

Você pode sugerir jogar bola, passear no parque ou até mesmo fazer uma pequena caça ao tesouro pela casa. Não precisa ser nada elaborado ou bem planejado (a menos que você queira); tenha como prioridade dispor de pelo menos vinte minutos (o que é muito pouco tempo) de dedicação diária, exclusiva aos seus filhos.

Isso pode parecer irreal para pais com filhos adolescentes, mas acredite: eles também gostam de receber atenção especial dos pais, tanto quanto as crianças pequenas.

Saia do celular você também, vença seu cansaço e busque disposição para dar a atenção de que seus filhos necessitam. Essa atitude vai aproximá-los de você, e garanto que vai valer a pena!

6. Deixe os eletrônicos de lado no fim do dia

Estipule uma cesta ou um local para que todos joguem os eletrônicos lá dentro no fim do dia. Jantem juntos sem celulares e com a TV desligada, conversem sobre o dia de vocês, brinquem com algum jogo em família ou cozinhem juntos. São muitas as opções, e você pode escolher algumas que se adaptem melhor a sua família.

Se você também está viciado em telas e não se esforça para parar, como esperar que seus filhos parem?

As famílias ficam distantes ao longo do dia devido ao trabalho dos pais e à escola das crianças. A noite é o momento ideal para que fiquem todos emocional e fisicamente presentes. Essa convivência alimenta o amor e a cumplicidade entre pais e filhos. Dedique esse tempo para a sua família.

Com equilíbrio e disciplina, podemos encontrar tempo para todas as atividades que desejamos. Concentre-se em evitar o vício em eletrônicos e não deixe que esse excesso afete a sua saúde e a de seus filhos.

Eu sei que é mais fácil falar do que fazer, afinal eu também crio dois filhos na era digital. Mas eu também sei, por experiência própria, que você pode redefinir as regras na sua casa para o bem de todos.

DIA 9

VOCÊ QUER UM FILHO OBEDIENTE OU UM FILHO QUE SABE PENSAR E TOMAR BOAS DECISÕES?

Todos os dias recebo centenas de mensagens de pais e de pessoas que de alguma forma se relacionam com crianças me pedindo ajuda por se sentirem desrespeitados, afrontados e testados por crianças rotuladas como "desobedientes".
Frases como:

- *Telma, meu filho não me obedece!*
- *Meu filho é terrível, é abusado e quer me testar.*
- *Já bati, já gritei e ele continua não me obedecendo. O que eu faço?*

A resposta para essas perguntas é profunda, tem várias camadas e jamais poderia ser dada de forma simples ou objetiva. Foi por isso que decidi incluir um capítulo sobre isso.
Aqui vamos falar sobre as raízes de um modo de educar que deixa marcas negativas na infância, que desrespeita a biologia humana e que não prepara nossos filhos para se tornarem adultos

responsáveis, capazes de tomar boas decisões mesmo quando não estivermos por perto.

O que você realmente deseja?

Quero começar convidando você para uma reflexão: como você deseja que seu filho se comporte quando sair de casa e seguir o próprio caminho? Você quer um filho obediente, que segue as ordens do chefe, da namorada, dos amigos? Ou um filho que saiba pensar, focar soluções e tomar boas decisões mesmo quando você não estiver por perto?

Já fiz essa pergunta no meu Instagram e recebi milhares de respostas. Surpreendentemente, 98% ficaram com a segunda opção. Mas isso me deixou pensativa e me levou a fazer outra pergunta: se os pais querem filhos que saibam pensar e tomar boas decisões quando adultos, como podemos educar filhos obedientes ao longo da infância?

Não faz sentido, já que essas são habilidades que precisam de treino para serem desenvolvidas. Esperar ter um filho que saiba pensar e tomar boas decisões no futuro, mesmo quando você não estiver por perto, vai totalmente na contramão do desejo de ter um filho obediente.

Como essa afirmação ressoa em você? Com sentimentos de raiva, de angústia ou como uma luz que acende no fim do túnel, trazendo respostas para muitos dos desafios que você pode estar vivendo com os seus filhos hoje?

Seja lá qual for a sua resposta, e seja lá qual for a sua cidadania, ou o idioma que você fale, ou o lugar onde você nasceu, tem uma coisa que não muda na humanidade: a nossa biologia.

Todos temos dois olhos, uma boca, as mesmas partes do corpo e um cérebro com grande potencial de desenvolvimento, mas esse potencial só será atingido ao longo da vida se compreendermos como ele funciona desde o início.

Nascemos sem a habilidade cognitiva de pensar ou de prever as consequências de nossas atitudes. Também nascemos sem conseguir frear nossos impulsos, pois somos totalmente dominados pelo instinto e pelas nossas emoções quando crianças. Não sabemos distinguir o certo do errado, pois nosso repertório de mundo e nossa capacidade de raciocinar logicamente não estão prontos.

Nascemos totalmente dependentes de nossa mãe ou de um cuidador primário para sobreviver. Não andamos, não falamos e não raciocinamos. Sem o cuidado e a compaixão de um adulto, simplesmente não sobrevivemos. Tudo isso devido à imaturidade do cérebro do filhote da nossa espécie.

Por isso, uma criança age de formas que deixam os adultos bastante irritados e com vontade de bater, gritar e castigar, mas essa é a maneira como a natureza nos programou para agir quando pequenos. Com energia, movimento, dominados pela emoção e impulsivos.

O processo de aprender a pensar e a tomar boas decisões sozinhos é demorado e exige muita dedicação, mas, quanto antes começarmos a criar esse espaço para nossos filhos aprenderem a pensar, questionar e tomar boas decisões, melhor. Quando cobramos obediência, ignoramos a possibilidade de estimular o pensamento e, também, a argumentação do porquê das coisas. Claro que aprender a seguir regras é importante, respeitar os pais e ao próximo, ouvir os mais velhos com sua sabedoria, mas isso é muito diferente de esperar obediência cega de uma criança.

A frase "Faça o que estou mandando e acabou" é um atestado de "apenas obedeça sem questionar ou pensar sobre como faço você se sentir". Esse tipo de criação leva a inúmeros abusos no futuro, inclusive a abuso sexual, pois essa criança entende que não deve ouvir suas emoções ou o que sente, mas sim obedecer o outro independentemente do que aconteça. Então, ela diz *sim* até mesmo quando sabe que deveria dizer um *não*.

Outro problema é que a obediência cega não cria pessoas pensantes, que ousam ou que saibam resolver problemas. Então, mais tarde, os pais se perguntam: "Por que meus filhos não fazem nada sozinhos? Por que tudo eu preciso mandar?".

Simplesmente porque foram condicionados a obedecer e esqueceram que são capazes de pensar, de se "libertar" e fazer por si mesmos.

Replicação de um padrão aprendido

Todos nós recebemos uma determinada "programação" durante a infância, que roda em nosso cérebro até os dias de hoje se nada fizermos ao longo da vida para mudá-la.

A criança é como uma grande esponja que absorve absolutamente tudo ao seu redor. Se você não quer que seu filho aprenda a falar palavrões, então não os use na frente dele, porque ele certamente aprenderá.

A natureza nos deu a capacidade de aprender com o modelo de nossos pais e das pessoas com as quais convivemos. Tudo o que acontece nos primeiros seis anos de vida é a base que estruturará crenças e informações em nosso subconsciente em forma de memórias implícitas. Claro que, mais tarde na vida, seremos capazes de fazer as mudanças desejadas, mas, até que isso possa acontecer, muitos anos já terão se passado.

Dentro da nossa família é onde aprendemos os fundamentos dos relacionamentos, sobre a importância das conexões respeitosas entre as pessoas e a comunidade. Esse também é o período em que desenvolvemos nossa crença de identidade, sobre quem somos. Sou uma criança boa? Inteligente? Capaz? Ou sou uma criança ruim? Terrível? Burra?

Aquilo que nossos pais nos dizem nessa fase da vida é o que nos tornamos. Se nossos pais nos dizem que somos inteligentes, amáveis e maravilhosos, é isso que entrará em nosso programa subconsciente, mas, se eles nos dizem que não somos pessoas legais, inteligentes, bonitas, boas ou merecedoras, é isso que entrará em nosso "programa" mental.

Se o seu pai o chamava de burro com frequência durante a infância, provavelmente você acreditará no que escutou e essa repetição vira uma verdade em sua vida. Isso acontece porque as crianças acreditam em tudo que seus pais dizem sobre elas, pois ainda não têm o discernimento necessário para saber separar o que dizem a seu respeito de quem realmente são.

Então, os programas que adquirimos nos primeiros anos moldam como viveremos nossa vida. Se seus pais o educavam com tapas e castigos, ou diziam que criança não tem que querer, isso provavelmente virou o seu padrão também.

Você pode não saber quais programas recebeu nessa fase porque realmente não se lembra, mas a maioria de nós recebe algum tipo de mensagem que foi compreendida como limitante, assim como excesso de críticas, castigos, julgamentos, ameaças ou punições; por isso, tantas pessoas sofrem de baixa autoestima e falta de senso de capacidade durante a vida adulta.

A verdade é que não somos responsáveis pela programação que recebemos na infância, mas, como pais, somos totalmente responsáveis por mudá-la. E, para mudá-la, precisamos estar conscientes das consequências de nossas atitudes.

Viemos de gerações que eram tão violentas e agressivas com as crianças que acabamos aprendendo e repetindo o mesmo modelo. Muitos acabam normalizando tapas, gritos e castigos porque não conseguem imaginar outra forma de agir e se relacionar com os filhos a não ser essa.

Então querer que o filho obedeça como um robô é mais fácil que o ensinar a refletir, a pensar em soluções ou ser um bom modelo de educação emocional, paciência e resiliência.

Como ensinar uma criança a respeitar os adultos se ela é desrespeitada por eles? Precisamos ser mais coerentes entre o que pensamos, queremos e fazemos, pois o nosso exemplo fala bem mais alto que nossas palavras.

Não adicione uma dose extra de dor

Os erros causam dor em quem erra, não precisamos querer adicionar uma dose extra de dor para ensinar. Se você comete uma falha em seu emprego e é demitido por isso, se sentirá mal, triste, incompetente e talvez arrependido mesmo que ninguém lhe diga nada.

Se você não estuda para a prova final, tira uma nota ruim e repete de ano, isso já será o suficiente para lhe fazer sentir mal. Você não precisa que ninguém te ofenda para você saber que não fez o que precisava.

E o que quero dizer com isso? Que você vai poder errar descaradamente sem se preocupar com nada? De jeito nenhum. O que quero é mostrar outro lado da mesma moeda.

Aprendemos que os erros eram motivos para castigo e isso nos tornou pessoas perfeccionistas, exigentes e até mesmo castradoras, porque, ao não aceitarmos os erros como parte do processo de aprendizado humano, nos tornamos seres "perfeitos", críticos e julgadores dos erros alheios. Afinal, como reconhecer os próprios erros se isso implica, mesmo que de forma inconsciente, receber castigos?

E muitas vezes castigos que nós mesmos nos damos com muitas "chicotadas" em forma de frases e pensamentos negativos e autodestrutivos. E se pudermos nos humanizar, entender que não existe perfeição na humanidade e que os erros fazem parte do caminho?

Claro que podemos e devemos aprender a errar menos, mas não errar ou querer ser perfeito é algo que não existe na humanidade. E, a partir do momento em que você conseguir se perdoar, se acolher e aprender com os seus erros, você finalmente poderá olhar para os erros do seu filho com mais compaixão e, então, passar a guiá-lo em seu processo de aprendizado em vez castigá-lo por não conseguir atender às suas expectativas irreais e não humanas.

Essa mudança de visão criará conexão e mais proximidade entre vocês, porque vai tirá-lo de um pedestal de perfeição e superioridade que só os distancia.

A parábola do pássaro na gaiola

Em uma pequena e tranquila casa, cercada por vastos campos verdes e um céu que pintava o horizonte com cores vivas ao amanhecer e ao entardecer, vivia um jovem pássaro chamado Leo. Leo era mantido em uma gaiola dourada, colocada cuidadosamente na janela da sala de estar, de onde podia ver o mundo lá fora, mas não tocá-lo, senti-lo ou explorá-lo.

Seus donos, uma família amorosa que desejava protegê-lo, ensinaram-lhe desde cedo as regras da casa: "Fique seguro dentro de sua gaiola, Leo. Lá fora é perigoso e, aqui, você tem tudo de que precisa". Eles lhe forneciam água, comida e até cantavam para ele, acreditando que estavam fazendo o melhor.

Porém, Leo era diferente. Sua curiosidade não conhecia limites, e seu coração ansiava por mais do que apenas a segurança de sua gaiola dourada. Ele observava as aves livres lá fora, dançando no vento e mergulhando nas correntes de ar, e se perguntava como seria sentir a liberdade.

Um dia, a filha mais nova da família, Marina, notou a tristeza nos olhos de Leo. Ela, uma criança inquisitiva e cheia de sonhos, perguntou-lhe: "Por que você parece triste, Leo? Você não tem tudo de que precisa?".

Leo respondeu com uma melodia suave, que Marina entendeu como um desejo de explorar, de aprender e de ser livre. Movida por uma compreensão além de seus anos, Marina começou a ensinar Leo sobre o mundo lá fora, não apenas através de palavras, mas incentivando-o a pensar, questionar e sonhar.

Ela começou pequeno, abrindo a porta da gaiola para que Leo pudesse sentir a brisa. Inicialmente hesitante, Leo logo ganhou coragem para sair da gaiola, pois Marina o encorajava a cada passo. Ela não apenas o deixou explorar, mas o acompanhou, ensinando-lhe sobre a importância de buscar conhecimento, de perseguir seus sonhos e de encontrar soluções para os desafios.

Com o tempo, Leo aprendeu a voar alto, mas sempre voltava para Marina, pois ela lhe mostrou que a verdadeira liberdade vem com responsabilidade e amor. A família, ao testemunhar essa transformação, aprendeu uma lição valiosa: proteger alguém não significa mantê-lo em uma gaiola, mas ensiná-lo a ser corajoso, curioso e independente.

A parábola de Leo ensina que o verdadeiro cuidado envolve encorajar os jovens a tomarem suas próprias decisões, a buscar seus sonhos com coragem e a pensar em soluções, não apenas obedecer. Ao fazermos isso, preparamos as crianças para enfrentar o mundo com confiança, capacidade de adaptação e um coração aberto para aprender com todas as experiências da vida.

Crie filhos confiantes, capazes, que conheçam sua força, capacidade e inteligência. Em vez de cobrar obediência cega, ensine-os a pensar, e isso os ajudará a tomar boas decisões mesmo quando você não estiver por perto.

DIA 10

DESENVOLVENDO A EMPATIA NO SEU FILHO

Empatia é a capacidade de reconhecer, entender e compartilhar pensamentos e sentimentos de outra pessoa, animal ou personagem fictício. Desenvolver a empatia é crucial para estabelecer relacionamentos e se comportar com compaixão. Envolve experimentar o ponto de vista de outra pessoa, não só o nosso, e permite comportamentos pró-sociais ou de ajuda que vêm de dentro, em vez de ser forçado.[18]

É comum receber os questionamentos abaixo em minhas redes sociais:

- *Meu filho é egoísta, só pensa nele mesmo! O que eu faço?*
- *Alguém me disse que as crianças não sentem empatia. Isso é verdade?*

Há boas razões para existir confusão em torno do tema da empatia. Embora seja claro que ela é importante para o desenvolvimento de relacionamentos sociais saudáveis e traços de caráter, como carinho e bondade, não é necessariamente algo que seu filho "tem" ou "não tem" até uma certa idade.

==Não há um teste definitivo que você possa fazer para garantir que ele esteja no caminho certo para desenvolver a empatia.==

Estou dizendo isso porque observar uma criança em idade pré-escolar de perto, com um olhar crítico, pode causar preocupação em muitos pais. Sem conhecimento sobre o desenvolvimento infantil, é bastante desafiador compreender a raiz do comportamento das crianças.

Há algum tempo, fiquei emocionada quando a professora da minha filha, na época com 6 anos, me enviou uma foto dela oferecendo um abraço a uma garotinha de sua classe que estava passando por um momento difícil. *Taí*, eu pensei com orgulho. *Empatia!*

Mas esse brilho nos meus olhos desapareceu mais tarde, quando ela viu seu irmão cair da bicicleta e não estendeu a mão para ajudar; ela saiu correndo do lugar, nervosa.

Se pudermos acalmar nosso olhar crítico interno como pais e olhar mais de perto, fica claro que minha filha teve uma resposta emocional ao sofrimento do irmão. As raízes da empatia começam aí. Saber lidar com esses grandes sentimentos e traduzi-los em comportamentos que podem realmente servir a outra pessoa é uma tarefa complexa, que requer maturidade do cérebro humano e muita prática e repetição.

Empatia significa que uma criança:

- entende que as outras pessoas podem ter sentimentos e perspectivas diferentes das dela;
- é capaz de reconhecer sentimentos em si mesma e nos outros e nomeá-los;
- consegue regular as próprias respostas emocionais;
- é capaz de se colocar no lugar de outra pessoa e imaginar como essa pessoa deve estar se sentindo;

🐦 consegue imaginar que tipo de ação ou resposta pode ajudar uma pessoa a se sentir melhor.

E tudo isso dá trabalho. Quantos adultos ainda não desenvolveram a empatia? Trata-se de um processo em andamento durante toda a infância e a adolescência, moldado por uma série de fatores, incluindo genética, contexto e ambiente. ==A empatia não se desenvolve automaticamente em crianças; embora tenhamos nascido com a capacidade de ter empatia, seu desenvolvimento requer experiência e prática.==

Fundamentos emocionais da empatia

A empatia é uma experiência emocional e cognitiva, e seus componentes emocionais são os primeiros a surgir.

Os bebês começam a refletir imediatamente os estados emocionais e as expressões daqueles que estão ao seu redor. Graças aos neurônios-espelho, bebês com dezoito horas de idade geralmente mostram alguma capacidade de resposta a outros bebês e, por isso, choram quando escutam o choro de outros bebês. Ninguém ensina os bebês a fazer isso; eles nascem com a habilidade de mapear as experiências dos outros em seu cérebro e corpo.

As primeiras experiências emocionais entre os bebês e seus cuidadores são fundamentais para o desenvolvimento da empatia. À medida que os cuidadores nutrem os bebês e cuidam deles, estes fazem associações importantes entre interações humanas positivas, sistemas de recompensa e sentimentos de calma e segurança.

As crianças que se sentem seguras, protegidas e amadas costumam ser mais sensíveis às necessidades emocionais dos outros. Os psicólogos chamam essa conexão entre cuidadores e bebês de "apego", e pesquisas mostram que a qualidade do apego é um preditor de empatia e compaixão mais tarde na vida.

> AS CRIANÇAS QUE SE SENTEM SEGURAS, PROTEGIDAS E AMADAS COSTUMAM SER MAIS SENSÍVEIS ÀS NECESSIDADES EMOCIONAIS DOS OUTROS.

À medida que as crianças crescem, os componentes cognitivos da empatia começam a surgir e a complementar os modelos emocionais que formaram durante os primeiros anos de vida. A distinção entre si mesmo e os outros amadurece rapidamente ao longo da primeira infância.

Por exemplo, uma criança de 3 anos que vê seu amigo triste pode pegar a mão desse amigo porque agora ela entende que o outro iria precisar de ajuda do pai ou da mãe em um momento de angústia. Interações iniciais de desenvolvimento como essa estão limitadas a situações que as crianças experimentaram, guiadas por respostas modeladas por adultos que cuidam delas.

Os componentes cognitivos da empatia se tornam mais presentes por volta dos 6 ou 7 anos, quando uma criança é mais capaz de tomar a perspectiva de outra pessoa e de oferecer soluções ou ajuda quando percebe que alguém está com medo ou triste.

À medida que as habilidades de função executiva das crianças amadurecem e as tornam mais capazes de gerenciar a própria angústia, elas ganham a capacidade de se conectar com a experiência de outra pessoa sem se sentir totalmente sobrecarregadas. Toda essa prática é uma base para as complexas questões éticas e morais que os jovens começam a assumir, como o bullying, a desigualdade e o racismo. Crianças educadas por adultos empáticos e conectados às necessidades do outro tendem a agir com maior empatia em relação às diferenças sociais, culturais e raciais humanas.

Como desenvolver a empatia no seu filho?

- Leia para ele histórias que falem sobre sentimentos.
- Mostre empatia. Por exemplo: "Você está com medo desse barulho? O aspirador de pó é barulhento e isso pode ser assustador. Fique no meu colo enquanto ele estiver ligado".
- Ofereça ajuda e sugestões às crianças para demonstrar empatia. Por exemplo: "Miguel caiu e machucou o joelho. Vamos ver se ele está bem?".

- Você pode orientar sutilmente as brincadeiras das crianças para incentivar a empatia, por exemplo, usando fantoches para encenar histórias que explorem esse sentimento entre os personagens. Aproveite para nomear as emoções deles. Por exemplo: "Acho que o seu amigo quer um pedaço de bolo também. Vamos pegar um prato para ele se servir".
- Tire fotos das suas crianças sendo gentis umas com as outras e mostre para elas apreciando o quanto foram atenciosas e receptivas.
- Faça perguntas abertas para incentivar a reflexão empática nas crianças mais velhas. Por exemplo: "Como podemos ajudar a Maria a se sentir melhor sobre isso que aconteceu?". Atitudes como essa permitem que as crianças pensem em maneiras significativas de mostrar bondade e empatia.[19]

É claro que essas habilidades e comportamentos se desenvolvem de modo diferente em cada criança, mas todos os momentos são oportunidades para plantar sementes de empatia que esperamos que cresçam. E a melhor forma de ensinar empatia para nossos filhos é sendo empáticos também.

DIA 11

ENTENDENDO O IMPACTO DE SUA NARRATIVA DE VIDA

Uma narrativa é a maneira como damos sentido às histórias que criamos para nós mesmos sobre os eventos que ocorreram em nossa vida. Não é o que acontece conosco, mas, sim, o jeito como interpretamos o que acontece que impacta nossa maneira de ver e experimentar a vida.[20]

Em uma família com quatro irmãos, se voltarmos ao tempo em que os quatro moravam na mesma casa, com os mesmos pais e as mesmas experiências, cada um terá a própria visão dos fatos. Isso significa que nossa interpretação dos acontecimentos tem um grande impacto sobre nossa visão de mundo.

Existem dois tipos de narrativas. Se pudermos falar sobre um evento passado de maneira fluida, congruente e lógica, nossa narrativa é **coerente**. Se nossa história é desarticulada, confusa, e nela faltam partes que seriam importantes para que alguém possa entendê-la claramente, nossa narrativa é **incoerente**.

Pais com narrativas claras e coerentes de eventos passados têm vantagens em relação aos que mostram narrativas menos coerentes. Com um estilo narrativo que permite entender cuidadosamente todos os aspectos de sua história, os pais começam a ver suas interações com seus filhos sob uma nova perspectiva.

Além disso, um estilo narrativo coerente permite que os pais comecem a ver com mais precisão e objetividade a maneira como sua forma de agir opera dentro do sistema familiar.

Entender nossa história e compor uma narrativa coerente nos ajuda a nos curar. Por isso é importante processar consciente e intencionalmente o que aconteceu.

Pais suficientemente bons aprendem a atender com cuidado as situações com seus filhos, ajudando-os a responder com sensibilidade, de maneira apropriada e responsiva.[21]

Os traumas e experiências adversas impactam negativamente nossa narrativa de vida, pois causam confusão mental, falta de aceitação de como as coisas aconteceram e podem tornar as situações do passado um fardo pesado de se carregar. Tomar consciência de nossa narrativa nos ajuda no processo de cura de dores emocionais

Com a tomada de consciência, seja sozinho, por meio da leitura de um livro ou buscando apoio profissional, podemos criar uma narrativa coerente para os eventos estressantes ou traumáticos que vivemos.

Falar sobre uma situação difícil com um amigo ou o parceiro ou escrever sobre o que sentimos também nos ajuda no processo de cura, porque essas práticas nos permitem fazer a integração do que sentimos com o que pensamos.

Crianças e narrativas de vida

É desafiador para uma criança construir narrativas coerentes, pois ela ainda está desenvolvendo sua visão sobre si e o mundo. Ela está aprendendo sobre relacionamentos, seu lugar dentro da família, na escola e no mundo em que vive.

Seus padrões familiares estão sendo aprendidos. A criança não tem experiência de vida suficiente nem o amadurecimento necessário para entender o contexto das situações em que vive. Além disso, o hipocampo, região responsável pela construção de memórias explícitas, ainda é imaturo.

As crianças normalmente não se questionam como um adulto. Elas ainda não construíram um repertório de vida que lhes permita entender como a vida funciona fora do pequeno mundo que conhecem.

Além disso, suas habilidades de comunicação e expressão não estão bem desenvolvidas como nos adolescentes e adultos, por isso pode ser muito desafiador formar uma narrativa coerente sem contar com um vocabulário suficiente para descrever sua própria história.

A regulação emocional e a comunicação em geral são novidades para os filhos pequenos. Na verdade, como mencionado antes, a parte do cérebro que é a principal responsável por entender as situações, planejar e associar atos e consequências, o córtex pré-frontal, só estará completa por volta dos 25 anos.

Memórias implícitas são as que ficam guardadas no subconsciente. Como Bessel van der Kolk explica em seu livro *O corpo guarda as marcas*,[22] nosso corpo de fato se mantém ligado a experiências anteriores, tanto negativas quanto positivas, todas ativamente lembradas e "esquecidas".

As memórias implícitas são aquelas que não resgatamos propositalmente, mas, sim, por meio de gatilhos sensoriais, como cheiros ou sensações. Muitas vezes elas incluem experiências de quando éramos muito pequenos, mas são armazenadas em nosso sistema nervoso de maneiras significativas.

Criando coerência para memórias implícitas

Se você está se perguntando se é possível curar e criar uma narrativa coerente para lembranças que nem sabíamos que tínhamos, a resposta é sim.

Quando experimentamos um sentimento que não compreendemos bem, podemos nos permitir senti-lo. Podemos interpretar esse sentimento como um mensageiro de algo que precisamos compreender.

Se esse sentimento tivesse uma voz, o que ele estaria nos dizendo?

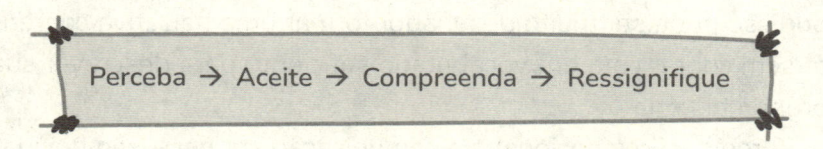

> Perceba → Aceite → Compreenda → Ressignifique

Nomeie a emoção para compreendê-la melhor
Quando damos um nome à emoção que estamos sentindo, isso ajuda a minimizar seu poder de ação sobre nós.

Permita-se sentir em vez de fugir
A maneira mais eficaz de curar uma dor é permitir nossos sentimentos em vez de suprimi-los.

- Torne-se amigo de suas emoções, inclusive das emoções difíceis. Elas servem para nos dar pistas sobre nossa história de vida.
- Seja curioso em vez de julgador: "O que essa tristeza está tentando me dizer?".

Quando nos sentimos mais seguros com nossos sentimentos, podemos ouvir as mensagens que eles enviam com mais precisão. Não precisamos mais fugir de nós mesmos. Em vez disso, podemos nos encontrar com autocompaixão e gentileza.

As memórias explícitas são aquelas que nos trazem lembranças reais: o que aconteceu e quem estava presente em determinada cena. Por exemplo: você pode se lembrar da primeira vez que foi à praia com seus pais, um evento feliz; e pode se lembrar também do dia em que apanhou do seu pai por ter quebrado uma regra. Foi um dia de medo e tristeza.

Uma narrativa de vida coerente com nossa história e verdade traz benefícios como:

- entender e reconhecer como nosso passado contribuiu para nos tornarmos quem somos e para fazermos o que fazemos;
- ter poder de escolher o que queremos e o que não queremos passar para os nossos filhos;
- permitir o nosso agir consciente, tendo a oportunidade de sermos pais de modo mais consciente e empático;
- dar sentido ao nosso comportamento como pais.

Quando temos uma narrativa de vida incoerente e que segue nos ferindo sem ter sido revisitada e ressignificada, corremos o risco de agir reativa e defensivamente com nossos filhos. Assim, acabamos transmitindo a eles, ainda que inconscientemente, o mesmo legado doloroso que afetou de forma negativa nossos primeiros anos de vida.

Criando uma narrativa coerente para as memórias explícitas

Quando nos lembramos de experiências que precisam de processamento, especialmente percepções negativas, um dos modos mais fáceis de criar uma narrativa coerente é "reproduzir" esses eventos de maneiras emocionalmente seguras. Podemos usar uma linguagem que ajuda a formar memórias de cura sobre o que aconteceu e as ferramentas emocionais para lidar com elas.

QUANDO TEMOS UMA NARRATIVA DE VIDA INCOERENTE E QUE SEGUE NOS FERINDO SEM TER SIDO REVISITADA E RESSIGNIFICADA, CORREMOS O RISCO DE AGIR REATIVA E DEFENSIVAMENTE COM NOSSOS FILHOS. ASSIM, ACABAMOS TRANSMITINDO A ELES, MESMO QUE INCONSCIENTEMENTE, O MESMO LEGADO DOLOROSO QUE AFETOU DE FORMA NEGATIVA NOSSOS PRIMEIROS ANOS DE VIDA.

Vou deixar um exemplo real da minha vida para ilustrar como isso acontece na prática.

Minha mãe foi a mais velha de sete irmãos e teve uma infância muito difícil, sem afeto. Ela não pôde ser criança, pois precisou cuidar dos demais como se fosse mãe deles. Foi duramente cobrada e castigada durante muitos anos pela minha avó por qualquer erro que cometesse. E, por conta de todas as dores que sofreu na infância, ela se tornou uma adulta com muitas questões emocionais mal resolvidas.

Na minha infância, não recebi da minha mãe a atenção, o acolhimento e o cuidado de que eu gostaria. Ela era distante emocionalmente, e eu interpretei que precisaria ser perfeita para que ela me amasse. Então me tornei a filha que não queria dar trabalho. Só que, como eu não demonstrava que precisava dela, sua atenção acabava sendo toda voltada para os meus irmãos menores – eles, sim, sabiam reclamar sua atenção.

Quando eu ficava triste, simplesmente segurava essa emoção. Eu interpretei que, se chorasse, minha mãe não me daria o apoio de que eu precisava, pois vivia ocupada com meus irmãos mais novos. Então aprendi que chorar não era válido e que eu deveria ser forte. Assim, passei muitos anos me protegendo com uma espécie de escudo, mantendo uma distância segura do outro, e com medo de sentir.

Enfrentei o medo do escuro sozinha porque, quando ia para o quarto dos meus pais à noite, minha mãe me mandava voltar para o meu. Esse medo não acolhido se transformou em trauma, e eu dormi com a luz acesa no quarto até os 30 anos.

Esses foram fatos que vivi, mas eu os interpretei de maneira equivocada. Cresci achando que minha mãe não me amava, que eu não era merecedora de amor e que deveria ser perfeita para conseguir que alguém se aproximasse de mim. Essa era a minha narrativa de vida: uma menina que não havia sido amada o suficiente pela mãe e que, portanto, estava fadada a não ser amada por ninguém.

Durante minha jornada de autoconhecimento, tive a oportunidade de ressignificar os acontecimentos e memórias do passado. Pude perceber que minha mãe sofria muito por suas próprias questões de infância nunca revisitadas ou compreendidas. Por não conseguir se conectar emocionalmente consigo ou com o outro, ela não se abastecia do amor de que tanto precisava e que merecia. Esse amor a ajudaria a se curar de suas feridas emocionais.

Quando entendi o impacto da sua infância na mãe e na mulher que havia se tornado, consegui aceitar que ela me deu apenas o que tinha para dar. E compreendi que, mesmo com tantas limitações emocionais em sua vida, eu havia sido desejada, amada e querida da maneira que ela conseguia sentir e demonstrar.

Esse novo entendimento de como minha mãe se relacionou comigo durante a minha infância me trouxe um grande sentimento de compaixão e aceitação. Entendi que o que havia passado não tinha como ser mudado, mas que o meu presente e futuro podiam ser transformados a partir do meu novo olhar para a minha história de vida.

A mudança na percepção da minha narrativa de vida me permitiu dar aos meus filhos o afeto e a atenção que não recebi, mas de que eles tanto precisavam e mereciam. E isso cura. Dar o que não recebemos nos cura. Se você fizer as pazes com o seu passado ferido, terá a possibilidade de exercer seu papel de pai ou mãe com muito mais consciência, empatia e amor.

O que acontece depois que criamos a nova narrativa?

Você provavelmente notou que na minha nova narrativa:

- a história é mais completa e fluida;
- usei termos positivos e não julgadores para olhar para minha mãe;
- para minha própria saúde mental, optei por me concentrar nos aspectos positivos dos eventos que ocorreram.

Dar sentido à nossa história de maneiras positivas não apenas cria uma narrativa coerente como nos oferece oportunidades significativas de ver o bem em todas as situações, escolher enxergar o lado bom de tudo.

Uma narrativa coerente não precisa ter um final feliz, mas é importante adicionar positividade e criar novos caminhos neurais. Criar uma narrativa coerente é a chave para a integração da razão e da emoção, ou da aceitação de nossas histórias.

Integrar razão e emoção pode ser uma chave para:

- reduzir o efeito do trauma;
- promover a cura;
- melhorar a saúde mental;
- quebrar ciclos negativos e prejudiciais;
- encontrar mais alegria e leveza na vida.

Apoiando a construção de narrativas coerentes nas crianças

Quanto mais sintonizado o adulto estiver com o mundo interior da criança, mais ele poderá ajudá-la a criar uma narrativa coerente que esteja livre da narrativa do adulto e dos preconceitos não intencionais. Nem sempre se trata da coerência do adulto; tem a ver com transmitir informações precisas de acordo com a perspectiva da criança.

Por exemplo, se uma criança testemunha uma discussão entre os pais, uma narrativa coerente para um ou ambos os adultos pode incluir o motivo de eles estarem discutindo e o que cada um deles trouxe para a discussão acalorada. No entanto, a criança pode não se beneficiar disso, porque não tem maturidade para compreender os problemas envolvidos na discussão. Pode não fazer sentido para ela. Em vez disso, a versão da criança de uma narrativa coerente, conforme o que foi explicado a ela pelos pais, pode ser mais ou menos assim:

— Filho, eu sei que você viu a mamãe e o papai brigando. A mamãe ficou chateada e gritou com o papai. Isso fez ele gritar também. Quando isso aconteceu, foi assustador para você porque você não sabia o que ia acontecer, então a mamãe se acalmou e pediu desculpas. O papai aceitou o pedido de desculpas dela e então os dois se abraçaram. Agora nós estamos calmos e seguros de novo, e você também.

Aqui nós temos a história precisa da perspectiva da criança, mas percebemos que o adulto está claramente sintonizado com os sentimentos dela. Esse tipo de comunicação ajuda as crianças a se sentirem vistas e validadas.

Elas precisam sentir que não estão sozinhas, e parte de uma narrativa coerente inclui esta atitude: "Meus sentimentos fazem sentido. *Eu* importo". A validação disso para a criança oferece a ela uma grande segurança emocional.

Qualquer história que contemos sobre seus relacionamentos e experiências, especialmente aquelas de que eles não se lembram explicitamente, é a história que nossos filhos levarão para a vida.

DIA 12

BLOCKED CARE: O BLOQUEIO NO CUIDADO DOS FILHOS

Em tradução livre, *blocked care* significa cuidado bloqueado. Já ouviu falar? Trata-se de um estado em que os pais podem entrar quando o estresse prolongado suprime sua capacidade de sustentar sentimentos amorosos e empáticos em relação ao filho.

Cuidar de uma criança é recompensador, mas envolve um trabalho pesado, especialmente quando ela obriga os pais a lidar com comportamentos desafiadores. Às vezes, o estresse gerado por essa relação pode se tornar excessivo, e o cuidador pode desenvolver gradualmente "cuidados bloqueados" específicos.

Geralmente isso acontece de maneira quase instintiva, como meio de se proteger do trauma de uma criança, que muitas vezes se manifesta em comportamentos desregulados e extremamente desafiadores. No *blocked care*, a parentalidade tende a se tornar mais reativa (ou seja, nós simplesmente respondemos aos problemas em vez de atentarmos para o estado emocional da criança), e a atenção é atraída para as partes mais negativas do comportamento.

Os quatro tipos de cuidados bloqueados[23]

1. *Blocked care* crônico
É mais provável que isso aconteça quando os próprios pais passaram por infâncias difíceis. Crescer em uma atmosfera de medo pode resultar em sua amígdala (a parte do cérebro responsável por detectar o medo e se preparar para emergências) "acender" muito mais facilmente do que para alguém que recebeu cuidados parentais consistentes e sintonizados, tornando mais difícil responder aos desafios que seu filho apresenta de maneira que se encaixe com seus valores e crenças.

2. *Blocked care* agudo
Essa condição pode atingir você depois de um evento traumático, como uma situação de luto ou algum problema grave de saúde. Dificuldades como essas podem tornar mais penoso se sentir próximo dos filhos, sentir prazer na companhia deles e permanecer em sintonia com seu mundo interior. Se estiver lutando para controlar os próprios sentimentos, é extremamente difícil sintonizá-los com os das suas crianças.

3. *Blocked care* com crianças específicas
Esse caso pode se manifestar com pais adotivos, que muitas vezes descobrem que, apesar de suas tentativas de se aproximar do filho, são recebidos com indiferença ou hostilidade. Com o tempo, isso afeta os pais e suas próprias defesas começam a se erguer, levando-os a desenvolver sentimentos de ressentimento e raiva. Também pode acontecer em relação a um dos filhos apenas, e não com os outros.

4. *Blocked care* específico do estágio

Em estágios de desenvolvimento específicos, por exemplo, na primeira infância ou na adolescência, alguns pais não se adaptam às demandas da fase e isso provoca um alto nível de estresse.[24]

Por que o *blocked care* acontece?

O estresse pode levar ao desenvolvimento de sentimentos mutuamente defensivos entre pais e filhos, quando a criança reflete o estresse dos pais e, em seguida, exibe sinais de sua própria angústia que os pais, por sua vez, espelham.

Esse estado de cuidado bloqueado reflete de perto o estado de confiança também bloqueada da criança, o que dificulta a criação de interações sintonizadas que fortalecem os apegos. Os pais muitas vezes questionam as próprias qualidades pessoais e parentais e podem se sentir envergonhados pelo comportamento dos filhos. Isso pode levar ao isolamento social, a problemas no relacionamento íntimo, à redução da autoestima, ao humor deprimido e à ansiedade.

Sinais de que você pode estar enfrentando um estado de *blocked care*

- Você se sente na defensiva e passa o tempo todo se resguardando para se proteger da rejeição.
- Você se sente esgotado, cronicamente sobrecarregado.
- Você está ciente de que está atendendo às necessidades práticas do seu filho, mas considera difícil sentir algum prazer real em ser mãe ou pai.
- Você se sente muito envolvido com o comportamento da sua criança, e não com o significado do comportamento dela.
- Você tem notado uma tendência a ser reativo em vez de proativo.

- Você acha difícil pensar em maneiras diferentes de estar com seu filho, se sente preso a uma maneira de fazer as coisas ou a um resultado preferido e acha difícil ter a mente aberta.
- Você é muito sensível à rejeição.
- Você frequentemente se irrita com seu parceiro, sua parceira ou com outros membros da família.
- Você tem se isolado dos amigos e familiares.
- Você acha difícil ter sentimentos de compaixão ou afeto e depois se sente culpado por isso.
- Você se sente desconectado.

Dicas para lidar com os sinais de *blocked care*

1. Descubra quais são os pontos vulneráveis da sua própria educação e entenda de que maneira sua história, valores e crenças podem reduzir a chance de você se tornar defensivo e reativo com seu filho. Se você notar sentimentos de medo, raiva, desânimo e vergonha, por exemplo, pense por algum tempo: de onde vêm esses sentimentos?
2. Tente entrar em contato com sentimentos de compaixão e empatia por si mesmo. Lembre-se de que está fazendo o seu melhor e tente direcionar para si a compreensão que você teria com um ente querido que luta com problemas semelhantes.
3. Busque mudar de perspectiva e pense em algumas das mudanças positivas que podem ter acontecido para seu filho ao longo dos anos.
4. Esteja atento às mensagens que sua amígdala está enviando para você! Esse sistema está sintonizado em uma ameaça que pode ser útil, claro, mas também pode nos levar a interpretar mal as intenções de nossos filhos, nos preparando para o modo de luta, fuga ou congelamento. Administrar nosso próprio nível de estresse é absolutamente fundamental.

5. O significado da palavra "autocuidado" é diferente para cada pessoa. Para mim, pode ter a ver com sair de casa sozinha por uma ou duas horas. Para você, pode ser ir para a academia ou encontrar uma amiga. Reserve um tempo para pensar nas diferentes partes de si mesmo – seu bem-estar físico, seus relacionamentos, as necessidades espirituais que tem – e tente fazer regularmente pelo menos uma atividade que reabasteça essa parte sua.
6. Adote e utilize uma atitude PACE para permanecer engajado com a criança. A palavra "pace", do inglês, significa passo ou ritmo, e PACE é um acrônimo que vale a pena guardar na memória:[25]

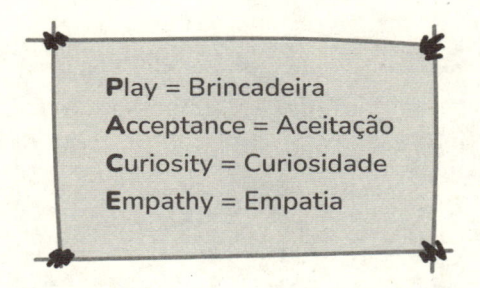

> **P**lay = Brincadeira
> **A**cceptance = Aceitação
> **C**uriosity = Curiosidade
> **E**mpathy = Empatia

7. Conecte-se com seu filho antes de tentar corrigir o comportamento dele. Concentre-se no desenvolvimento de valores, interesses e hábitos compartilhados com a criança. Isso vai ajudar seu filho a aprender um significado "compartilhado" sobre o comportamento esperado e os limites, levando-o a ser mais receptivo ao seu ensino. Lembre-se: a criança não é o comportamento dela.
8. Busque se reconectar e consertar as coisas depois que acontecer uma falha em sua relação com a criança. Por exemplo, se você perdeu a cabeça com seu filho, reconecte-se com ele após destacar que o relacionamento entre vocês é importante e que não corre o risco de ser rompido. Isso transmite segurança para a criança, mantendo-a conectada

e ajudando-a a se desenvolver de maneira emocionalmente saudável.
9. Reflita sobre seu próprio histórico de apego. Esteja consciente de si mesmo e de suas habilidades de construir relacionamentos com os outros. Treine (isso mesmo, treine) para ser mais empático e atencioso consigo e com os outros.
10. Abaixe o "chicote". Seja grato e comemore cada conquista sua e da sua criança.

É importante ser capaz de reconhecer sinais de *blocked care* em si mesmo e buscar ajuda se necessário.

DIA 13

JOGANDO NO MESMO TIME DO SEU PARCEIRO

Você está cansado de gritar com seus filhos e seu parceiro está exausto da sua gritaria? Você tenta conversar com seus filhos sobre o mau comportamento deles e seu parceiro só pensa em dar punições e castigos? Você fica nervosa na hora de arrumar as crianças para a escola e seu marido explode na hora do banho? O estresse é constante?

Se a sua resposta foi sim para uma ou mais dessas perguntas, com certeza tem uma coisa com que todos de sua família concordam: algo precisa mudar.

Ninguém consegue viver em harmonia com tanto estresse no ar. Mas, calma! Existe muita esperança para você e sua família e a mudança precisa começar em você.

Calma, respire fundo. Há esperança para você e sua família. Muita esperança.

Vou compartilhar aqui sete dicas que vocês podem começar a usar hoje mesmo para estabelecer uma nova maneira de se relacionar em família. Uma base na qual você pode se sentir confortável enquanto segue aprendendo no caminho de uma educação mais respeitosa e neuroconsciente.

Antes de começar, lembre-se sempre: você e seu parceiro vieram de famílias e contextos diferentes, e isso impacta profundamente na maneira de vocês verem, sentirem e experimentarem o mundo e as relações.

Dicas para reforçar os laços da parceria

1. Encontre pontos em comum entre vocês

Comece identificando os aspectos da educação em que vocês concordam. Você terá mais sucesso identificando as áreas nas quais existe entendimento em vez de concentrar energia nas áreas em que discorda. Além disso, responda mentalmente às perguntas a seguir:

- Seu parceiro ou sua parceira usa um tom respeitoso para falar com seus filhos?
- É um pai/uma mãe presente?
- Ele/ela brinca com as crianças?
- Ele/ela é amoroso/a?

Mesmo que tudo o que você tenha a dizer seja "Eu valorizo o amor que você tem pelos nossos filhos", esse já é um ponto positivo, o primeiro passo dessa caminhada. Afinal, seu parceiro ou parceira ama seus filhos. Assim, mesmo que seu estilo parental seja diferente do da outra pessoa, a abordagem disciplinar vem de um lugar de amor. Não é o momento para culpar ninguém nem de remoer problemas. Este é um novo começo para todos os envolvidos, então trabalhe com as semelhanças entre vocês.

2. Entenda as razões por trás dos diferentes modos de educar

A maior influência em nossa maneira de disciplinar vem, sem dúvida, dos nossos pais. Quer você concorde com o estilo de disciplina dos seus pais ou não, as escolhas que você faz hoje como cuidador devem-se, em grande parte, à maneira como foi criado. Todo pai ou mãe está predisposto a repetir os padrões de comportamento dos próprios pais. Mesmo sem querer, acabamos repetindo os comportamentos desanimadores com nossos filhos e usamos a linguagem que internalizamos na nossa infância.

Aprender um novo jeito de educar exige esforço, empatia, estudo e dedicação. A ciência já provou há tempos os malefícios de uma educação autoritária e punitiva na saúde emocional das crianças.

3. Comece pelo que é inegociável

Junto com seu/sua parceiro/a, eleja questões inegociáveis para sua família, que normalmente são as regras de saúde, higiene, segurança (usar capacete para andar de bicicleta; cuidar do pet da família é responsabilidade de todos da casa), e outras áreas que vocês valorizam. Elas devem ter a ver com educação (fazer a lição de casa antes de brincar) e respeito (falar palavrão não será tolerado). Façam um acordo sobre os limites e expectativas para os pontos inegociáveis. Vocês dois precisam estar alinhados para que seus filhos saibam que vocês falam a mesma língua.

4. Mude você primeiro!

Muitos de nós cobram do parceiro o que nem nós mesmos conseguimos aplicar. Queremos que o outro cuidador pare de gritar, mas continuamos gritando; queremos um companheiro mais amável, mas não somos amáveis. Transforme-se primeiro e deixe que o seu parceiro seja tocado pelo seu exemplo e atitude, não pelos seus conselhos ou reclamações.

5. Estabeleça um sinal não verbal

Tudo bem se vocês discordarem de algumas questões disciplinares. A questão é que isso **não** pode ser discutido na frente dos seus filhos. Estabeleça um sinal não verbal entre você e seu/sua parceiro/a que indica o seguinte: "claramente não temos a mesma opinião sobre isso".

Como a maioria dos problemas não precisa ser resolvida na hora, os pais precisam realizar uma pausa e conversar mais tarde sobre o que fazer.

6. Evitem assumir os papéis de bonzinho e de malvado

Não mostrem para os seus filhos que vocês discordam sobre assuntos ligados à educação e disciplina.

Pais bem-intencionados fazem isso o tempo todo quando dizem coisas como "você vai ver quando o papai chegar" ou "mamãe vai ficar muito chateada com isso".

Que mensagem uma criança ouve quando a mãe diz "você vai ver quando o papai chegar"? Ela vai entender que o pai é "mau" e o único capaz de lidar com essa situação. E se o pai disser "mamãe vai ficar muito chateada com esse vaso quebrado!"? A criança acha que a mãe se importa mais com o vaso do que o pai. Na realidade, você deve tentar ser consistente em suas reações.

Cada um deve se sentir suficientemente capaz para lidar com qualquer situação quando as crianças estiverem sob seus cuidados, sem tratar como ameaça o envolvimento do outro.

APRENDER UM
NOVO JEITO
DE EDUCAR
EXIGE ESFORÇO,
EMPATIA, ESTUDO
E DEDICAÇÃO.

7. Comprometa-se com uma comunicação consistente

Reserve algum tempo, uma noite por semana, por exemplo, para discutir o progresso de vocês como pais. Anote os problemas que surgiram com mais frequência nos últimos dias e tente chegar a um acordo com seu parceiro sobre um método de correção a ser usado a partir de agora.

Tenha em mente que seu objetivo não é "vencer a batalha" com seu parceiro, mas, sim, encontrar o plano mais construtivo para ajudar seus filhos a fazerem boas escolhas – reduzindo, assim, futuros maus comportamentos e treinando-os para a vida adulta.

Jogar no mesmo time significa que todos ganham juntos. Não se trata de ter um vencedor e um perdedor. Quando você quer ser o dono da razão, sem considerar o que o outro pensa e sente, acaba priorizando apenas o que é importante para você, e o objetivo passa a ser ter razão e provar que o outro está errado. Levar em consideração a história de vida de cada um dos parceiros é fundamental nessa jornada de construir uma família emocionalmente saudável.

Pais e mães não precisam concordar em tudo, certo? Se depois de algum tempo vocês dois continuarem a discordar sobre as questões de sempre, é importante aprender a lidar com as diferenças e conciliá-las para que a convivência com os filhos tenha equilíbrio e harmonia; considerem buscar uma terapia familiar, por exemplo. Não importa o caminho que escolham, lembre-se sempre: vocês estão no mesmo time.

DIA 14

O PODER DE ESCUTAR COM ATENÇÃO

Muitas pessoas querem falar, poucas querem ouvir, mas todo ser humano gosta de ser escutado e compreendido. Quando conhecemos alguém que olha nos nossos olhos, conversa com atenção, nos sentimos valorizados, acolhidos, compreendidos e bem-vindos.

Isso também é importante nas relações entre pais e filhos. O que acontece é que muitos pais passam a maior parte do tempo tentando se impor por meio da autoridade, querem mandar o tempo todo, não abrem mão de ter razão e acabam desconsiderando o que a criança ou o filho pensa e sente. Esses pais e mães se negam a ouvir o que seus filhos têm a dizer.

No entanto, se você olhar para a sua própria vida, vai se dar conta de que suas lembranças mais felizes são de momentos em que você se sentiu aceito, compreendido e querido.

✷ ✷ ✷
Pare para pensar:
Na sua infância, quem era a pessoa que mais entendia os seus sentimentos, as suas necessidades e os seus desejos?

....

....

Que sentimentos você tinha por essa pessoa?

....

....

....

Você vai perceber, se buscar na sua memória, que existem sentimentos positivos em relação a essa pessoa, sobre a maneira como ela fazia você se sentir. E o contrário acontece sobre quando você se sentia desconsiderado ou invalidado, seja por professores, pais, amigos ou por pessoas que nunca queriam ouvir o que você tinha a dizer.

Como era o seu sentimento em relação às pessoas que, na sua infância, nunca o compreendiam ou que o julgavam e criticavam?

....

....

....

Continue nessa reflexão. Em toda a sua vida, o fato de se sentir compreendido ajudou você a se comportar melhor e a tomar decisões mais acertadas?

....

....

....

✷ ✷ ✷

Esse exercício é importante para você entender que o seu filho deseja e precisa ser levado em consideração por você. E saiba que o fato de você ouvir sua criança, validar o que ela sente ou dedicar um tempo para que ela se sinta compreendida não quer dizer que você vai concordar sempre com ela.

Quando age assim, você está contribuindo para que o seu filho fique emocionalmente mais seguro. Assim, ele vai sair do modo "luta ou fuga" e vai deixar de pensar coisas como: *eu tenho que vencer o meu pai ou a minha mãe* ou *preciso defender aquilo em que eu acredito*.

Se paramos para ouvi-los, esses comportamentos desafiadores diminuem. Nosso filho se torna mais calmo ao perceber que, ainda que o adulto em questão não tenha concordado com ele, prestou atenção no que ele estava falando e levou isso em consideração.

Aprender a validar sem julgar as emoções e evitar levar para o lado pessoal as diferenças de pensamentos entre pais e filhos são habilidades importantes que mudam qualquer relação para melhor.

É preciso lembrar o tempo todo que as crianças são pessoas únicas e não são iguais a nós. E nós, somos o quê? Pais e mães, guias, treinadores.

Somos a referência desse ser em construção, a pessoa adulta da relação, mas isso não nos dá o direito de ferir emocionalmente nossos filhos. O papel que nos cabe é o de ajudá-los a se compreender, deixá-los saber que existem opiniões diferentes umas das outras e que, mesmo quando há divergências de opinião, todos devem ser tratados com respeito. Esse aprendizado precisa começar dentro de casa, na família.

==Se você quer ser ouvido, comece a escutar. Quando seu filho estiver falando, dê prioridade a ele, demonstrando um modelo positivo para alinhar o relacionamento. Depois que ele terminar de falar, chegará a sua vez, e agora ele precisa escutar o que você tem a dizer – com atenção também.==

Veja algumas dicas importantes a seguir.

SE VOCÊ OLHAR
PARA A SUA PRÓPRIA
VIDA, VAI SE DAR
CONTA DE QUE
SUAS LEMBRANÇAS
MAIS FELIZES SÃO
DE MOMENTOS
EM QUE VOCÊ SE
SENTIU ACEITO,
COMPREENDIDO
E QUERIDO.

Dicas para desenvolver sua escuta

1. Olho no olho
É no seu olhar que o seu filho percebe o seu grau de interesse no que ele está dizendo. Olhar nos olhos é importante até mesmo quando somos apresentados a alguém. Já percebeu isso? Como é conhecer uma pessoa que cumprimenta você, mas não olha nos seus olhos?

Somos seres sociáveis e percebemos se somos bem-vindos ou não pela maneira como somos olhados e pela expressão facial do outro.

Não olhar nos olhos demonstra, enfim, rejeição e desinteresse.

2. Evite interromper
Procure não interromper a fala do seu filho, por mais que a sua sabedoria e experiência possam ser significativas nesse momento. Às vezes, as pessoas se atropelam, falam todas ao mesmo tempo e ninguém escuta ninguém. Isso é falta de educação. Por isso, é comum nos sentirmos ressentidos por não termos nossas ideias reconhecidas, ouvidas ou validadas.

O ideal seria que as pessoas não interrompessem umas às outras e esperassem sua vez de falar. Portanto, se queremos filhos que nos escutem e considerem nossas opiniões mesmo depois de grandes, precisamos desenvolver nossa própria habilidade de ouvir sem interromper.

3. Troque o julgamento pela empatia
Evite emitir julgamentos ou ficar ansioso para dar sua opinião. Aprender a ouvir com empatia e tentar entender o que o outro quer nos dizer faz diferença para termos sucesso em qualquer relação.

Veja o exemplo a seguir, de um pai que tem o costume de julgar e criticar seus filhos:

— Como foi a prova de inglês? — perguntou o pai.

— Tudo bem — respondeu Clarissa, já saindo da sala.

No mês passado, Clarissa e o pai passaram pela seguinte situação:

— Como foi a prova de matemática? — perguntou o pai.

— Não fui muito bem. Acho que a ansiedade e o medo de errar me atrapalharam — respondeu Clarissa.

— Faz tempo que estou dizendo que você que estuda pouco. Você tem que se dedicar mais, e o que eu precisar cortar para você ir bem na prova, vou fazer. Chega de ir mal em provas! — disse o pai.

Clarissa prometeu a si mesma que não falaria mais a respeito desse assunto com o pai. Ela se sentiu desamparada, e a tristeza tomou conta do seu coração. Ela estava estudando, era dedicada, mas tinha dificuldade para ter foco e para se concentrar na hora da prova. Devido às cobranças do pai, ela tinha muito medo de ir mal na prova e, com isso, tinha seu resultado comprometido.

Perceba na experiência de Clarissa que o pai dela não tinha a empatia necessária para compreender que a filha precisava de conexão e segurança para melhorar seu desempenho na escola. Ele amava a filha e queria o melhor para ela, mas suas palavras e maneira de agir o distanciaram. Assim, uma barreira se ergueu entre eles.

No livro *Prosseguindo na trilha menos percorrida*,[26] M. Scott Peck fala sobre a importância de ouvir. O autor enfatiza que se dedicarmos atenção ao ouvir nossos filhos com a mesma prioridade e intensidade com que ouvimos um grande mestre e orador, daremos a eles um presente valioso. Ouvir e valorizar as ideias de seu filho vai ajudar você a melhorar sua capacidade de se comunicar com ele de maneira eficiente e acolhedora.

Normalmente os pais não têm a habilidade de ouvir, pois também não foram ouvidos pelos seus próprios pais ou não aprenderam a importância dessa atitude para os relacionamentos.

Ouvir seu filho não é o mesmo que dar conselhos ou dizer a ele o que fazer para corrigir uma situação. Certamente haverá momentos em que ele vai precisar dos seus conselhos, mas, antes que seu filho esteja pronto para recebê-los, você precisa aprender a ouvi-lo.

Veja esta história de um casal que passou por orientação parental comigo.

Joana e Alfredo desenvolveram o hábito de conversar com o filho Eduardo. Ele hoje tem 6 anos e chega da escola com muita coisa para contar. Traz as vivências do seu dia e os pais escutam seus relatos atentamente.

Uma noite, antes do jantar, Eduardo contou que seu melhor amigo, Flávio, tinha dado uma rasteira nele. Ele ficou com os olhos cheios de lágrimas enquanto falava sobre o assunto. Joana se aproximou mais de Eduardo, pegou sua mão e perguntou se ele saberia explicar o motivo da atitude do amigo.

— Eu não sei — disse Eduardo. — Só se foi porque o Lucas quis fazer um trabalho na sala comigo e eu topei! Depois disso, na hora do intervalo, o Eduardo veio e fez isso, bem quando eu estava correndo. Ainda bem que não me machuquei!

— Estou percebendo que você ficou triste com essa atitude do Flávio — disse Joana. — Se aconteceu desse jeito mesmo, ele não tinha motivo para tentar machucar você.

Joana esperou Eduardo liberar todas as emoções causadas pelo que tinha acontecido. Acolheu o filho e ainda o ajudou a refletir sobre as opções para lidar com essa situação caso viesse a acontecer novamente. Ela fez perguntas para ajudá-lo a decidir o que fazer nesses casos.

Eduardo decidiu que, da próxima vez, conversaria com Flávio sobre o que ele fez. Pretendia explicar que, mesmo sentando com outros colegas para fazer atividades em grupo, não deixaria de ser amigo de Flávio.

Essa cena descreve o momento atual dessa família. Mas sabe como era antes, quando Eduardo tinha 3 anos?

Ele chorava sem motivo aparente. Alfredo reclamava para Joana, na frente do menino, que ele era muito chorão. Joana, por sua vez, gritava com Eduardo, mandando-o calar a boca e ir dormir. Isso era rotina, até que Joana, esgotada, buscou ajuda para resolver esse problema e colocou em prática os conhecimentos adquiridos nas sessões de orientação parental.

Ela passou a olhar para essa criança, a escutá-la com atenção e a dar mais afeto e tempo de qualidade a ela. Tudo mudou a partir da mudança de atitude dessa mãe.

Como são suas habilidades de escuta?

Faça uma reflexão sobre as questões a seguir para ter uma noção do que funciona nas suas atitudes e do que precisa melhorar na escuta perante o seu filho.

- Você já parou para refletir sobre a maneira como escuta o seu filho?
- Há alguma coisa que o impeça de ouvi-lo?
- O que você faz de melhor quando o escuta?
- Quais circunstâncias favorecem essa escuta? Por exemplo: estar descansado, não ter outras pessoas por perto, seu filho não estar chorando ou gritando.
- O que você pode fazer para ser um ouvinte mais eficiente? Que aspectos você pode aperfeiçoar?

Acredite, você é capaz de promover as mudanças necessárias para a plenitude de sua família, minimizar o caos e construir muito mais harmonia e confiança na relação com o seu filho.

DIA 15

GRITOS CONSTANTES CONFIGURAM ABUSO EMOCIONAL

Gritos constantes configuram abuso emocional e afetam a mesma área do cérebro que os abusos físicos, ou seja, gritar e bater ativam a mesma região no cérebro, o sistema límbico.

Gritos deixam o sistema nervoso em estado de alerta e, quando frequentes, podem prejudicar o aprendizado e o comportamento das crianças.

Por isso, eles devem ser a exceção, e não a regra na maneira de se relacionar com as crianças.

Além disso, o abuso emocional é considerado uma das experiências adversas vividas na infância com grande potencial traumático, podendo causar ansiedade e depressão no futuro adulto.

Na verdade, gritar tem mais a ver com falta de educação emocional do que com educar uma criança. Pense comigo: se gritar resolvesse, você não precisaria gritar todo santo dia. Mas como dar educação emocional para os nossos filhos se não a recebemos?

Você pode achar que grita por causa do mau comportamento da sua criança, mas a grande verdade é que os gritos falam muito mais sobre você, sobre o seu cansaço, estresse e desconhecimento de meios mais eficientes de educar, do que pelo comportamento da criança em si. Tudo acaba explodindo na forma de berros.

Eu sei que você não gosta de gritar e que esse comportamento o deixa triste e exausto no fim do dia. Para mudar esse padrão, porém, vai ser preciso se reeducar emocionalmente e entender os gatilhos que disparam suas atitudes automáticas e impulsivas.

Sabemos que educar e exercer a função de pais é um aprendizado constante. Por isso, é importante perceber que, quando agimos de maneira agressiva, precisamos olhar para dentro, não para fora.

❈ ❈ ❈

Pergunte-se:
Onde aprendi a agir assim? Quem agia assim comigo na minha infância e como eu me sentia? Como me sentia quando gritavam comigo?

....
....
....
....
....
....

❈ ❈ ❈

Olhar para a própria infância pode ser o principal caminho para encontrar as respostas para suas atitudes de hoje.

Gritar pode ter um resultado momentâneo, mas tende a piorar o comportamento dos filhos. Isso porque as crianças crescem rápido, e em pouco tempo vão buscar se impor e imitar você.

Dicas para parar de gritar

1. Explique para o seu filho a importância do seu pedido e verifique se ele compreendeu

— Ei! Larga isso que está lendo agora e guarda! Vai, rápido!

Não, calma! Não precisa guardar. Eu só quis mostrar duas coisas para você.

Primeiro, que não é nada agradável receber ordens de um jeito autoritário. Se você não gosta, pode ter certeza de que seu filho também não. Em segundo lugar, o ser humano não gosta de cumprir ordens se não entende o motivo delas. Veja este diálogo:

— Luísa, guarde seus brinquedos agora!

— Mas por quê, mamãe? Eu vou brincar amanhã!

— Porque eu quero! Porque estou mandando!

Esse é um diálogo comum em muitos lares, e mesmo assim muitos pais se perguntam por que os filhos não os escutam. Por que é importante arrumar os brinquedos? De que maneira isso é relevante para a vida deles? Se tiverem essas respostas, as crianças certamente vão ter mais vontade de contribuir.

— Filha, é importante guardar os brinquedos porque se eles ficarem no meio da casa, alguém pode tropeçar neles e se machucar. É por isso que precisamos tirá-los do meio do caminho onde todo mundo passa. E precisamos guardar no lugar certo, porque assim sempre vamos saber onde eles estão e vai ser rápido achar tudo quando quisermos. Vamos, juntas, começar a guardar?

Explique o porquê das coisas. Você também pode pedir para a criança repetir o que você explicou; essa é uma excelente maneira de verificar se ela compreendeu a mensagem. Não seria esse um jeito mais convidativo de o seu filho te ouvir e colaborar?

O caminho mais fácil é sempre mandar e pronto, mas educar, desenvolver em uma criança a habilidade de ser responsável por guardar os próprios brinquedos, passa por explicar a importância dessa prática, ensinar a fazer e repetir com a criança durante um tempo até que se torne um hábito e ela seja capaz de dar conta da tarefa sozinha. É como se o seu papel fosse de treinador do seu filho. Isso é educar e ajudar seu filho a se desenvolver.

2. Pense em você como um treinador de suas crianças

Ser o treinador do seu filho não compromete de modo algum o seu papel como mãe ou pai. Na verdade, é o oposto disso: a conexão emocional entre vocês vai aumentar quando você deixa a posição de ditador e passa a ocupar a de treinador.

No entanto, para colocar em prática esse treinamento emocional, vale a pena atentar para estes cinco pontos:

- Esteja consciente das emoções de seu filho e das suas também.
- Veja as emoções negativas do seu filho como oportunidades para aumentar a intimidade entre vocês e para ensinar. Elas não são ameaças à sua autoridade.
- Ouça o seu coração para sentir o que seu filho está sentindo. Valide o que ele sente e reflita sobre as palavras e sentimentos dele.
- Tenha empatia para ajudar sua criança a encontrar palavras para rotular a emoção que está sentindo. Dizer "estou percebendo que você está bem chateado agora" o ajuda a dar nome à sua emoção intensa e a falar sobre isso. Evite dizer coisas como "Você não deveria estar tão bravo".

- Estabeleça limites claros, respeitosos e trabalhe junto com o seu filho para resolver problemas.

3. Lembre-se: o cérebro da criança é diferente do cérebro do adulto

Nascemos com um cérebro imaturo, 100% dominados pelas emoções e sem a capacidade de raciocinar. ==Quando uma criança não faz o que você quer, ela não está tentando atacar ou testar você; ela quer, isso sim, aprender, ser compreendida e guiada com segurança.== O córtex pré-frontal, que é responsável pelas habilidades cognitivas de tomada de decisão, só começa a madurecer por volta dos 4 anos e termina esse processo por volta dos 25. Entender essa evolução faz você parar de levar as atitudes do seu filho para o lado pessoal e começar a olhar para ele com mais empatia e compaixão.

4. Reconheça a raiva como um sinal

É normal sentir raiva; o que importa é como você lida com isso. A raiva não precisa significar "tenho que gritar". É mais útil vê-la como um sinal para resolver um problema. Embora as pessoas sejam diferentes, os sinais de alerta comuns de raiva incluem tensão, aperto na garganta, coração acelerado, pensamentos negativos/tóxicos (por exemplo: "Esta criança está acabando com a nossa família!"), respiração ofegante. Quando perceber a raiva chegando, lembre-se de fazer uma pausa positiva, respirar e pensar antes de agir por impulso.

5. Imagine que entrou em um reality show

Imagine que você e seu filho foram selecionados para participar de um novo reality show que mostra a vida de pessoas normais e as interações dentro da família. Então, neste nosso exercício de imaginação, todas as interações com seu filho são filmadas por câmeras ocultas em toda a casa, no seu carro e aonde quer que vocês dois vão. Você gostaria que o país inteiro visse você gritando ou agindo com descontrole? Não faça escondido aquilo que não se orgulharia de fazer na frente dos outros.

Se, como pais, queremos ajudar nossos filhos a enfrentar o mundo do melhor modo possível, as experiências que oferecemos a eles desde a infância devem ser coerentes com essa ideia. Portanto, olhar para dentro de si e ter sabedoria para escolher suas palavras e atitudes são a essência do que precisamos para ter sucesso no desenvolvimento das habilidades emocionais das crianças. Seu objetivo deve ser jogar no mesmo time do seu filho, e não ser adversário dele. Quanto mais rápido você perceber que está junto com ele e não contra ele, mais cedo verá as mudanças acontecerem.

Não podemos impedir uma emoção, mas, como adultos, podemos escolher nossa reação mesmo diante de uma emoção difícil. E lembre-se sempre: o maior desafio de educar não é controlar o comportamento dos nossos filhos, mas, sim, o nosso.

DIA 16

Lidando com os desafios na hora de colocar os filhos para dormir

Depois de um longo dia com tantos afazeres você não vê a hora de sentar no sofá e assistir a sua série preferida. Entre você e esse momento só falta colocar as crianças para dormir. E então você diz "Crianças, é hora de dormir", com uma voz cansada e ansioso para ver o dia terminar.

- *Não, ainda não! Eu não estou cansado!*
- *Só mais um pouco, por favor?*
- *Eu odeio a hora de dormir!*

Você tem esperança de que as coisas sejam diferentes dessa vez, mas percebe que a batalha segue firme e forte. Fica quase impossível entender por que a hora de dormir é tão terrível, já que todos estão exaustos, inclusive as crianças. Para muitas famílias, a hora de dormir é difícil. É a hora do caos e do estresse.

Eu sei como você se sente, porque essa era a minha vida todos os dias antes de buscar conhecimento sobre o comportamento infantil, mas, felizmente existe solução para esse caos. A seguir, vou compartilhar seis aprendizados importantes que me ajudaram a ter muito mais harmonia no final do dia com meus filhos e que tenho certeza que vai fazer uma grande diferença em sua família.

Estratégias para evitar o caos na hora de dormir

1. Siga a mesma rotina todos os dias

Seguir uma rotina pode ser muito inconveniente na vida agitada de pai ou mãe. Temos atividades escolares que atrasam, problemas para serem resolvidos, além de todos os cuidados com a casa e os filhos.

No entanto, embora uma rotina possa parecer muito sem graça quando aparentemente todas as pessoas da cidade estão aproveitando a noite, na realidade pode ser um salva-vidas para a vida em família, especialmente para quem tem crianças.

Se você ainda não implementou uma rotina, saiba que esse é o primeiro passo no combate às batalhas na hora de dormir.

Comece definindo um horário razoável para dormir, mas que possa ser igual todas as noites, inclusive nos fins de semana. Graças ao ritmo circadiano, uma programação confiável ajuda muito o corpo a saber quando adormecer.

Uma programação consistente tem o benefício adicional de limitar os pedidos de uma criança para dormir mais tarde. Então, espaços para negociação de horários deixam de ser a regra e se tornam a exceção.

Em seguida, podemos tornar as atividades que levam à hora de dormir em hábitos consistentes. Na minha casa esse horário definido é às 20 horas nos dias de semana. Um banho quente e relaxante na mesma hora todos os dias, seguido da leitura de livros na cama, são práticas simples e agradáveis para as crianças mais novas. Para os adolescentes, pode ser às 21 horas, quando eles começam a escovar os dentes, lavar o rosto e deitar na cama ouvindo música antes de as luzes da casa se apagarem.

Dormir cedo também é fundamental para as crianças porque o hormônio do crescimento tem seu maior pico de produção por volta das 22 horas, e elas precisam estar em sono profundo nesse horário para receber todos os benefícios desse hormônio em seu crescimento e desenvolvimento.

Certas ações repetidas podem desencadear uma resposta de sono do corpo, tornando mais fácil fazer os pequenos cooperarem. Mas garanta que toda a sequência da noite siga uma boa higiene do sono, fazendo coisas calmas, sem gritos ou agitação.

2. Use o "Assim que"

Uma nova rotina, especialmente uma menos flexível, pode fazer as crianças se rebelarem. Elas podem duvidar se você está realmente falando sério sobre essa nova forma de agir.

E esse é um ótimo momento para usar uma rotina "Assim que". Essa estratégia ajuda a motivar as crianças a concluir as partes mais corriqueiras de sua rotina da hora de dormir, das quais podem não gostar. Por exemplo, podemos dizer: "Paulo, assim que terminar de jantar e escovar os dentes, podemos jogar uma rodada de Uno antes de irmos dormir."

Ou: "Filha, assim que terminar de tomar banho, podemos ler seu livro juntas".

Nossos filhos têm o controle sobre a velocidade para finalizar essas tarefas, o que ajuda a evitar uma batalha. Eles também são mais propensos a concluí-las com relativa rapidez quando sabem que em seguida vão fazer uma coisa de que gostam. E isso não tem nada a ver com prêmio ou recompensa, mas com deixar para depois da obrigação a parte mais prazerosa.

Assim como uma hora de dormir consistente, o "Assim que" se torna duplamente poderoso quando usado rotineiramente. Quando as crianças sabem o que esperar a cada noite, é mais provável que cumpram o que foi combinado.

Se a criança não completar a parte "Assim que" da rotina antes de dormir, isso não muda a hora em que ela deve ir dormir. Se ela demora e não completa suas tarefas até três minutos antes de as luzes se apagarem, você pode simplesmente dizer: "Lamento que você não tenha lido antes de dormir hoje. Confio que você será capaz de completar sua rotina amanhã".

Mas meu filho dorme tarde, como mudar esse hábito?

- gaste energia ao longo do dia;
- inclua esportes na rotina;
- abasteça os baldes por atenção positiva e poder antes de dormir;
- diminua quinze minutos por dia progressivamente até chegar ao horário desejado;
- acorde-o mais cedo.

Você pode ainda ter um relógio que mostre quanto tempo falta até a hora de ir dormir ou colocar uma contagem regressiva no despertador para que ele apite cinco minutos antes da hora. Assim a criança compreende que existe um horário que precisa ser seguido todos os dias.

3. Invista tempo para ensinar

A rotina é uma solução confiável, mas, especialmente para crianças mais novas, não podemos esperar uma rotina perfeitamente executada sem um pouco de prática.

É fácil para pais e filhos ficarem frustrados quando as crianças lutam ou procrastinam as tarefas, especialmente quando nós mesmos estamos loucos para dormir.

Também é fácil esquecer que tarefas aparentemente simples podem não ser simples para nossos filhos. Uma criança de 2 anos não vai saber como colocar o pijama do jeito certo até que mostremos a ela, passo a passo. Se ignorarmos isso, seus gemidos e choro podem se traduzir em nossa própria irritação e gritos inúteis.

Uma criança de 4 anos não vai escovar os dentes corretamente até que tenhamos tempo para demonstrar como fazer isso; caso contrário, ela pode começar a chorar quando lhe pedimos para se apressar.

Se dedicarmos um pouco de tempo para ensinar a nossos filhos o que esperamos deles e qual será a nova rotina em nossa casa, isso economizará tempo e esforço mais tarde.

Embora possa ser tentador, não devemos desistir e fazer coisas pelos nossos filhos também. Embora possa ser mais rápido e fácil, eles precisam de tempo para treinar e desenvolver essas habilidades.

Com paciência, nossos filhos acabarão se sentindo fortalecidos pelo que podem fazer por si mesmos, e nós, orgulhosos por termos nos tornado pais treinadores em vez de ditadores.

4. Conecte-se

Nossos filhos prosperam quando se sentem amados e importantes. Eles querem se sentir queridos por nós.

Sempre incentivo os pais a passarem tempo individualmente com cada um dos filhos para criar conexão. Quando oferece essa grande dose de atenção positiva de forma proativa, você reduz drasticamente os comportamentos inadequados de busca de atenção que vê em seus filhos, como reclamar da hora de dormir ou resmungar fazendo pedidos sem fim. Na verdade, essa é a regra n.º 1 que eu recomendo aos pais para reduzir o mau comportamento de seus filhos.

Além disso, existem tantas ansiedades que nos mantêm todos acordados à noite. A ansiedade de uma criança pode ser diferente da nossa, como o medo do escuro.

Dar às crianças uma boa dose de amor e segurança faz maravilhas em seu comportamento e é uma excelente oportunidade para compartilhar esse momento especial juntos logo antes de dormir. Afinal, afeto e segurança levam a um sono melhor.

Embora não haja nada de errado com uma briga de travesseiro entre pais e filhos de vez em quando, tenha em mente que atividades energizantes precisam ser seguidas por outras calmas e que levem ao relaxamento necessário para o sono. Fazer uma leitura, escutar uma música calma, fazer uma oração juntos ou simplesmente conversar são algumas opções que podem ser usadas antes do momento de dormir.

5. Pratique a gratidão

Assim como se sentem amadas e importantes, as crianças que se concentram em coisas pelas quais são felizes ou gratas antes de dormir têm mais facilidade para adormecer.

Podemos incentivar um adolescente a manter um diário na mesa de cabeceira e escrever três coisas boas que aconteceram todos os dias na escola. Podemos abraçar uma criança de 4 anos e perguntar o que foram suas rosas e espinhos naquele dia – as rosas sendo suas experiências favoritas, os espinhos suas menos favoritas. Então podemos colocar maior ênfase nas rosas.

Pensamentos positivos podem melhorar a vida de qualquer pessoa. Mesmo que comece com uma noite de sono melhor, essa pequena diferença pode ter um grande impacto positivo no dia a dia.

DAR ÀS CRIANÇAS UMA BOA DOSE DE AMOR E SEGURANÇA FAZ MARAVILHAS EM SEU COMPORTAMENTO E É UMA EXCELENTE OPORTUNIDADE PARA COMPARTILHAR ESSE MOMENTO ESPECIAL JUNTOS LOGO ANTES DE DORMIR.

Assim como com rotina e tarefas, a gratidão requer treinamento. Mas, se ensinarmos nossos filhos a se concentrarem no que têm em vez de no que não têm, eles podem adormecer mais felizes, seguros e tranquilos.

6. Deixe os eletrônicos de lado no fim do dia

O uso de tela antes de dormir é extremamente prejudicial em muitos aspectos. As luzes das telas deixam em alerta uma parte do cérebro, fazendo nossas mentes acreditarem que ainda é dia, por isso desligue as telas sessenta minutos antes de dormir, pois as luzes emitidas por elas prejudicam o sono.

Limitar a tecnologia é difícil no início. Isso vai causar discussões, que é claro que queremos evitar. Mas se manter firme nesse compromisso acabará eliminando os perigos de barganha e tempo de tela tarde da noite.

A partir desta noite, tente experimentar essas estratégias. Ter uma boa rotina na hora de dormir ajudará a evitar o caos e a trazer um equilíbrio mais saudável para sua vida.

Comece a praticar com seus filhos. A melhor parte de estabelecer uma rotina para a hora de ir dormir é que você terá muito mais tempo para si, para o casal ou para assistir a um filme ou ler o livro que tanto deseja.

DIA 17

BRIGAS ENTRE IRMÃOS: COMO LIDAR?

- *Eu quis tanto dar um irmão para meu filho e agora eles só brigam!*
- *Por que eles não podem se dar bem um com o outro?*
- *Não tenho mais um minuto de paz. Meus filhos disputam tudo o dia todo!*

Recebo muitos comentários como esses todos os dias nas minhas redes sociais. Sejamos sinceros: somos seres únicos, diferentes uns dos outros, e, mesmo dentro de uma família com vários filhos, nenhum é igual ao outro. E que bom que é assim.

O problema é que idealizamos a relação entre nossos filhos e acabamos nos frustrando com expectativas irreais. A verdade é que as crianças têm o cérebro imaturo, estão aprendendo a se relacionar, precisam se sentir amadas e desejam receber muita atenção dos pais.

Receber atenção positiva é uma necessidade humana básica. Mas, para as crianças, tem grande importância; e a falta dessa atenção impacta negativamente o comportamento infantil. Quando é hora de dividir essa atenção com um novo bebê que chega na família, as coisas podem se tornar muito desafiadoras para os pais.

Enquanto muitas crianças têm a sorte de se tornarem as melhores amigas de seus irmãos, é comum que irmãos e irmãs briguem. Também é comum que eles oscilem entre adorar e detestar um ao outro.

Pode ser frustrante e perturbador ver seus filhos brigando. Uma casa cheia de conflitos é estressante para todos. No entanto, muitas vezes é difícil saber como parar a luta, ou mesmo se você deve se envolver. Neste capítulo você vai aprender algumas maneiras de conseguir lidar com esses desafios e tornar as coisas mais fáceis.

Os irmãos competem entre si pelo envolvimento e atenção dos pais. O filho mais velho que experimenta o nascimento de um novo irmão ou irmã se sente "destronado" por essa nova adição à família. Olhe pela perspectiva dele por um momento. Ele já foi filho único e o centro da sua atenção. Por algum tempo, não precisou dividir sua atenção ou os brinquedos com ninguém.

De repente, porém, chega um bebê, um verdadeiro intruso para ele. Além disso, papai e mamãe estão muito ocupados cuidando do novo membro da família, e o irmão mais velho não recebe mais a mesma atenção de antes.

As crianças são observadoras, mas ainda não têm a parte lógica do cérebro suficientemente desenvolvida para pensar de modo racional sobre as experiências que vivem. Então, quando chega um novo membro da família, elas facilmente acreditam no seguinte: "Papai e mamãe não me amam mais, agora só querem saber do bebê".

A americana Adele Faber escreveu sobre rivalidade entre irmãos,[27] ilustrando perfeitamente a maneira como uma criança se sente quando um bebê chega à família.

Imagine que seu marido abrace você e diga: "Querida, eu te amo tanto, e você é tão maravilhosa que decidi ter outra esposa como você". Quando a nova esposa finalmente chega, você descobre que ela é muito jovem e fofa. Vocês três saem juntos, as pessoas dizem um "olá" educado para você, mas ficam em êxtase com a recém-chegada: "Ela é uma graça! Oi, querida! Você é maravilhosa".

Eles se voltam para você e perguntam: "Você gosta da nova esposa?". Então, a nova esposa começa a precisar de roupas. Seu marido abre o seu armário, pega algumas blusas e calças suas e entrega a ela. Você protesta e então ele aponta que, como você engordou um pouco, as roupas não estão lhe servindo mais, e vão ficar ótimas na nova esposa.

Qual seria sua reação? Isso lhe dá um contexto sobre como a rivalidade entre irmãos começa.

Com certeza você odiaria a nova esposa, especialmente se todo mundo viesse visitar sua casa e dissesse que ela é linda. Você ficaria irritada e se sentiria ameaçada.

Em outras palavras, como você se sentiria se seu cônjuge trouxesse outra pessoa para casa e esperasse que vocês duas se dessem bem a qualquer custo?

Como as crianças pequenas não são capazes de expressar verbalmente essas frustrações, elas o fazem se comportando mal – recusando-se a compartilhar, batendo, empurrando, gritando e brigando com o irmão.

Dicas para diminuir as brigas entre irmãos

1. Escute seus filhos

Convide cada criança para compartilhar seu lado da história e, nesse momento, todos escutam o que ela tem a dizer, sem interrupção. Depois que a primeira criança terminar de contar seu lado da história, a outra pode compartilhar sua experiência e, novamente, a outra criança não pode interromper.

O objetivo de cada criança compartilhar é se sentir ouvida, e não que os pais tentem achar culpados, pois existe a verdade sentida por cada criança e a verdade interpretada pelo adulto. Considere como a criança se sente; ela precisa ser guiada e orientada com empatia e respeito.

Nesse momento, o mais importante é os pais reafirmarem o que cada uma das crianças pensa e sente sem tomar partido de nenhum dos lados.

Ouça seus filhos e respeite os sentimentos deles. Embora as emoções não sejam desculpa para um comportamento negativo ou agressivo, as crianças estarão mais propensas a cooperar se sentirem que estão sendo ouvidas. Se seu filho começar a bater, reitere que a violência não é tolerada e não é aceitável. Diga a ele que usar as palavras é a única maneira de resolver um problema e que você estará ali para ouvi-los.

2. Valide os sentimentos

Ao validar os sentimentos dos seus filhos sem tomar partido de nenhum dos lados, independentemente do que aconteça, faça-os se sentir seguros. Com isso, as amígdalas cerebrais vão "desligar" seu alarme e o corpo vai voltar ao estado de calma.

Com calma, o cérebro começa a pensar de novo e assim fica muito mais fácil resolver problemas e se concentrar na solução. Como as crianças ainda não conseguem se acalmar sozinhas, nosso papel precisa ser de pacificadores, e não de julgadores.

Por exemplo: "Nossa, estou vendo que vocês dois estão muito bravos. Para estarem gritando um com o outro, imagino que estejam chateados".

Quando as crianças têm permissão para sentir sem serem criticadas ou julgadas pelos pais, se sentem apoiadas, vistas e isso as ajuda a se abrirem mais facilmente para compreender o outro também.

3. Saia do papel de juiz

Não precisamos querer salvar ou resgatar nossos filhos de cada frustração que vivem, mas devemos mostrar que eles podem contar conosco para orientá-los e ensiná-los não importa o que aconteça.

Nosso papel é treinar, e não ficar soprando um apito como um juiz que julga quem acertou e quem errou. Os erros, na verdade, são oportunidades de aprendizado, e devemos usá-los para desenvolver importantes habilidades em nossos filhos.

Demoramos anos para andar, para falar e para aprender uma nova profissão. Aprender a se relacionar também exige treino.

Esse processo diminui a rivalidade entre irmãos porque você não está "tomando partido". No momento em que um pai mostra que está do lado de uma criança, a outra sente raiva e ressentimento (mesmo que tenha sido o agressor inicial), e essa raiva e ressentimento alimentam ainda mais a rivalidade entre os irmãos.

Pense nos mediadores familiares. É importante para eles observar em vez de "tomar partido" e serem emocionais. Ao ajudar os irmãos a resolver conflitos, é essencial permanecer neutro, não importa quão difícil isso possa ser.

Ensine seus filhos a reparar os danos. Se danos emocionais, como palavras duras, ou danos físicos, como bater e chutar, ocorreram durante o conflito, é importante que as crianças se envolvam em "reparar os danos", por exemplo, pedindo desculpas ou ajudando a colocar um band-aid no irmão machucado. Tudo isso deve ser feito com respeito e empatia, nunca em meio a acusações ou ameaças.

Fazer as pazes é o objetivo do processo de reparação, e uma habilidade muito importante ao longo da vida. Além disso, mais relevante do que pedir desculpas é compreender o que nossas atitudes podem causar no outro para treinar e aprender novas formas de agir.

Se algum de seus filhos estiver se sentindo defensivo ou magoado demais para aceitar o processo de reparo, espere a raiva passar e retome mais tarde. Lembre-se de que não há problema em esperar até que todos estejam calmos e abertos. O importante é ter o momento de conversa, compreensão e reparo.

4. Ensine seus filhos a fazerem uma pausa positiva

Quando os irmãos estão discutindo ou brigando, não são mais capazes de pensar razoavelmente porque estão se sentindo ameaçados um pela presença do outro.

Nesse momento, é melhor oferecer às crianças um tempo para se acalmarem e, em seguida, conversar com elas para validar os sentimentos. Mostre que você se importa com o que sentem e pensam.

"Que tal se vocês ficarem sozinhos até se acalmarem e depois conversamos sobre isso juntos?"

Assim que todos estiverem calmos para conversar a respeito do que aconteceu, pode ser uma grande oportunidade para ensinar importantes habilidades de vida para as crianças, como aprender a ouvir, a esperar, a lidar com os sentimentos e, principalmente, a priorizar soluções e a resolução de problemas.

É importante entender que essa dica não deve ser usada com uma criança muito pequena. Ela dificilmente conseguiria ficar sozinha para se acalmar, pois o cérebro ainda é imaturo.

5. Evite os rótulos

Os rótulos nos dão papéis que não são nossos. Além disso, as crianças acreditam nas palavras que escutam de seus pais. Se você diz que seu filho é terrível e brigão, ele acredita nisso. "Sim, sou brigão, mamãe falou que sou", e isso reforça o comportamento indesejado.

Os rótulos (intencionais ou não) também aumentam drasticamente a competição entre irmãos. Pense nisso! Quando falamos sobre "o atlético", "o bom comedor", "o espertinho" ou mesmo "o filho que apronta", inadvertidamente traçamos comparações entre eles.

Quando nos referimos a uma criança como a "atlética", a outra criança automaticamente pensa: *eu não sou atlética*; quando uma criança é "boa de garfo", a outra assume que não deve ser. Ao rotular nossos filhos, engavetamos as crianças em um papel ou outro, quer gostem ou não, e criamos comparações entre irmãos.

A boa notícia é que, quando abandonamos os rótulos, damos à nossa filha "não tão atlética" uma chance de brilhar, mesmo que ela não seja uma estrela. Damos à aluna nota sete a oportunidade de se orgulhar de seu trabalho árduo. E damos à criança "terrível" a chance de fazer a coisa certa. A chave é desenvolver atributos positivos, como trabalho em equipe, persistência e bondade. Os irmãos podem torcer um pelo outro em vez de competir pela aprovação dos pais.

6. Dê atenção positiva

Uma das principais razões pelas quais as crianças brigam é ganhar a atenção dos pais — aos olhos delas, até mesmo a atenção negativa é melhor do que nada. Para satisfazer essa necessidade de seus filhos, todos os dias, planeje dar a cada um pelo menos trinta minutos de atenção positiva e exclusiva centrada na criança.

Deixe-a escolher o que gostaria de fazer com você nesse tempo. Pode ser montar um Lego, andar de bicicleta ou ler o livro preferido dela. Desligue o celular ou o programa a que está assistindo na TV. Seu filho deve ser o centro do seu universo nesses minutos, e é fundamental que você esteja totalmente presente com ele. Esse tempo abastece e ajuda a diminuir a competição pela atenção negativa do papai e da mamãe.

7. Ensine habilidades de resolução de conflitos

Veja alguns cenários que podem desenvolver essas habilidades:

Esperar a vez
Ensine às crianças as palavras que devem ser usadas para uma convivência cordial, por exemplo: "Posso, por favor, brincar com...". Também treine exemplos de respostas: "Ainda não terminei de brincar com o carrinho, mas vou te avisar assim que terminar".

Também é importante entender que NÃO compartilhar faz parte. Crianças pequenas são egocêntricas, e isso significa que o mundo gira em torno delas. Essa fase faz parte do processo natural de aprendizado. Conforme elas vão crescendo, aprendem a ver, a perceber o outro e a desenvolver a empatia.

Há adultos que também não gostariam de emprestar uma bolsa, o celular ou o carro para um amigo. É importante saber avaliar as situações, por exemplo, não obrigar a criança a emprestar um brinquedo novo que ela acabou de ganhar. Respeitar o espaço e os pertences de cada um também é uma importante habilidade de vida a ser desenvolvida.

Falar sobre como se sente
É importante que as crianças saibam que não há problema em sentir, mas existem maneiras apropriadas para expressar isso, mesmo um sentimento desafiador como a raiva. Falar como se sente ajuda a desenvolver a percepção das

próprias emoções, um dos requisitos básicos para o aumento da inteligência emocional.

"Fico bravo quando Paulo não me deixa brincar com a moto dele" ou "Fico magoada quando Ana puxa o meu cabelo".

Ensine seus filhos a lidar com as próprias emoções
As crianças nem sempre estão prontas para discutir os sentimentos imediatamente após uma briga. Ensine a elas habilidades de enfrentamento para diferentes situações até que estejam prontas para falar – por exemplo, respirar, contar até dez, abraçar uma almofada, lavar o rosto e voltar assim que estiver mais calma.

Quando dá aos seus filhos estratégias para resolver conflitos por conta própria, você nota uma diminuição drástica de discussões entre irmãos em casa.

8. Permita que seus filhos resolvam as próprias brigas com o passar do tempo
Sabe a melhor coisa que você pode fazer quando um desentendimento começa? Não dê tanta atenção à briga. Quando ignora a briga, você não recompensa o comportamento negativo com atenção e, o mais importante, dá aos filhos a chance de resolver por conta própria.

Se a luta se transformar em confronto físico ou se você sentir que é necessário intervir, pode dizer frases como: "Filho, como você poderia resolver esse conflito com seu irmão?".

Ou relembre: "Vocês podem estar bravos, mas bater não é permitido em nossa família".

Se seus filhos claramente não conseguirem chegar a um acordo, ou se a briga aumentar, você pode ser obrigado a intervir. Mas lembre-se de não tomar partido. Você pode pensar que ouviu ou viu o que iniciou a discussão, mas não julgue nenhuma das partes.

- Os irmãos podem resolver os problemas sozinhos, mas com um adulto supervisionando.
- Os pais também podem dar sugestões sobre como eles poderiam fazer as coisas de maneira diferente se a mesma situação voltasse a acontecer no futuro.
- Você pode ajudá-los a avaliar as soluções que eles sugerem, imaginando em voz alta como seria a solução.

9. Seja um bom modelo de cooperação

A maneira como os pais interagem uns com os outros é um exemplo de como seus filhos devem interagir. Se eles virem que você ou seu parceiro batem portas ou têm discussões barulhentas, é provável que façam o mesmo e vejam isso como uma maneira adequada de lidar com os problemas.

10. Coloque todos no mesmo barco

Se, depois de ouvir os dois lados e tentar encontrar uma solução, seus filhos ainda não concordarem, é hora de colocar "todos no mesmo barco". Isso significa que todos os envolvidos no argumento experimentam o mesmo resultado ou consequência.

Seria algo como: "Ou vocês se revezam para jogar essa bola ou eu vou ter que guardá-la pelo resto do dia".

Provavelmente haverá algumas reclamações e negociações no início, mas seus filhos perceberão rapidamente que é do interesse deles concordar em uma solução juntos antes de "serem colocados no mesmo barco". Seja paciente com seus filhos enquanto eles aprendem a se relacionar uns com os outros.

Lembre-se de que aprender a resolver conflitos exige um conjunto de habilidades avançadas. Certamente você conhece adultos que ainda têm dificuldade com essas habilidades, então não se cobre tanto. A infância passa rápido, mas será lembrada por muitos anos pelo seu filho, assim como você ainda se lembra da sua até hoje.

DIA 18

POR QUE MEU FILHO MENTE?

A maioria dos pais ensina que mentir é errado e deseja ter filhos sinceros, honestos e que digam sempre a verdade. Se é assim, por que, mesmo com as melhores das intenções, não conseguem impedir que seus filhos contem mentiras ou que pelo menos tentem não ser pegos diante da verdade?

Neste capítulo, de maneira breve e prática, vamos pensar juntos nos motivos pelos quais as pessoas mentem, inclusive as crianças. Você vai ter a oportunidade de compreender as principais razões que alimentam esse hábito, além de aprender novas maneiras de agir para estimular que a verdade seja dita.

Mas, afinal, o que é mentira?

Responder que estamos bem quando não estamos, elogiar alguém por seu novo corte de cabelo ou peça de roupa quando essa não é nossa opinião mais sincera. Mentir acabou virando um hábito socialmente aceitável que permeia todos os aspectos da nossa vida em comunidade. Normalmente, quando uma pessoa se atrasa para chegar ao trabalho porque acordou tarde ou porque estava com dor de barriga, não conta isso para o chefe. Ela diz que pegou muito trânsito, afinal contar a verdade a deixaria envergonhada e constrangida.

Um marido pode não gostar da roupa que a esposa comprou, mas, por querer agradá-la, pode dizer que ela ficou linda com a saia nova. Um pai ou mãe pode dizer para o filho que a família vai viajar nas férias, já sabendo que isso não vai acontecer devido à crise financeira que estão enfrentando; a questão é que os pais não querem magoar o filho com a verdade.

Ainda assim, apesar de sua onipresença no mundo, a maioria de nós não consegue detectar essas pequenas mentiras no dia a dia. O que aconteceria, no entanto, se pudéssemos de repente descobrir que, de alguma forma, estamos sendo enganados?

O mecanismo psicológico que possibilitaria essa habilidade talvez não seja tão importante. Em vez disso, o que importa é o que a mentira revela sobre o papel frequentemente negligenciado e subestimado que desempenha em nossas vidas.

Muitos pesquisadores dizem acreditar que começamos a mentir uns para os outros assim que inventamos a linguagem, principalmente como forma de evolução. Segundo Michael Lewis, professor de pediatria e psiquiatria da Universidade Rutgers, nos Estados Unidos, ao longo da história da humanidade a mentira também serviu como "uma necessidade evolutiva para nos proteger do mal".[28]

Isso inclui a proteção contra perseguição, um propósito ao qual a mentira ainda serve hoje para muitas pessoas ao redor do mundo, ou para se safar de ser flagrado fazendo algo condenável, por exemplo, um ato de infidelidade.

A mentira também nos beneficia em situações menos arriscadas, como no trabalho. Isso porque se dissermos ao nosso vizinho, sogra ou chefe o que realmente pensamos deles quando fazem coisas que não apreciamos, podemos arranjar muitos conflitos e problemas de relacionamento. Na verdade, um mundo em que as pessoas pudessem conhecer a verdade que importasse para elas é o desejo de muitos, mas nossos sentimentos possivelmente sairiam feridos.

Dan Ariely, professor de psicologia e economia comportamental da Universidade Duke, nos Estados Unidos, afirma que "viver com a verdade significa que receberíamos comentários mais honestos e brutais sobre nosso trabalho, a maneira como nos vestimos, como beijamos – todos os tipos de coisas".[29] E atitudes sem "papas na língua", em que a pessoa fala tudo o que pensa para ser sincera, podem causar muita discórdia e atrito nos relacionamentos.

Impacto no desenvolvimento infantil

Por outro lado, um feedback completamente sincero nos daria chance de aprender e de nos aperfeiçoarmos. Esse impacto negativo no modo como nos vemos começaria quase ao mesmo tempo que aprendêssemos a falar, podendo distorcer o desenvolvimento infantil de maneiras imprevisíveis.

Imagine o seguinte diálogo:
— Papai, olhe o meu desenho!
— Que horrível, está todo borrado!

Os impactos negativos na autopercepção da criança e na visão de mundo seriam imediatos. Parte da inocência da infância também seria perdida, incluindo o faz de conta, levando consigo o Papai Noel, a Fada dos Dentes e o Coelhinho da Páscoa.

Por causa de sua constante curiosidade, as crianças seriam expostas cedo à dura realidade da vida, o que não seria positivo; dependendo da idade, o cérebro delas é muito imaturo, tem pouca capacidade cognitiva e racional para compreender o mundo.

Somos a única espécie de mamífero que nasce com o cérebro dominado pelas emoções, e demoramos mais para terminar o processo de amadurecimento. E, como já vimos neste livro, o córtex pré-frontal humano, aquela parte que pensa e analisa, começa a se desenvolver por volta dos 4 anos e só termina após duas décadas de vida.

Paul Ekman, professor emérito de Psicologia da Universidade da Califórnia, em São Francisco, afirma que "há muitas coisas que, se as crianças soubessem, seriam difíceis de entender. Nem toda a omissão, especialmente de pais para filhos, é malévola".[30]

As crianças aprendem muito cedo o valor social de mentir. A mãe pode dizer: "Filho, a vovó vai te dar um presente de aniversário e você tem que dizer que gostou, senão ela vai ficar triste". Os próprios pais ensinam, desde o início da infância, a importância dessas "mentirinhas" para evitar magoar o outro.

Quando chegamos à idade adulta, a maioria de nós mente com regularidade. Em um estudo de 1996,[31] Bella DePaulo, psicóloga social da Universidade da Califórnia, em Santa Bárbara, descobriu que estudantes universitários mentiam uma vez a cada três interações sociais, e adultos mais velhos, uma a cada cinco. "Em muitas das mentiras da vida cotidiana, as pessoas fingem sentir melhor do que realmente se sentem. Se não gostam de você, elas podem tentar encobrir isso. Se estão entediadas com o que você está dizendo, podem se esforçar para parecer interessadas."

De fato, em termos de relacionamento interpessoal, seria um desastre total se pudéssemos mesmo descobrir todas as mentiras que nos contam ao longo de nossas interações diárias. Mentir acaba se tornando uma necessidade em uma cultura na qual a compreensão moral é a de que você não deve ferir os sentimentos de outras pessoas.

Imagine se você olhasse para uma colega de trabalho com problemas de peso ou para alguém de sua família que se sente feliz por ter emagrecido dois quilos e dissesse: "Uau, como você pode estar feliz se continua tão gorda?".

Autoengano coletivo

Somos corresponsáveis pela onipresença das chamadas "mentirinhas inocentes". A maioria de nós colabora, inconscientemente, com o mentiroso para permitirmos que nos enganem.

No fim de um jantar em cujo ambiente você não se sentiu bem, ou de cujo cardápio não gostou, por exemplo, você dificilmente admitiria isso para os anfitriões, porque sabe que soaria indelicado. Então, pode acabar dizendo que se divertiu e que adorou o jantar, mesmo que não tenha gostado de nada.

Os anfitriões prontamente acreditariam no que foi dito e não teriam nenhuma noção de quão terrível você achou a companhia ou a comida deles. A desvantagem desse tipo de "mentira inocente" é que você pode correr o risco de ser convidado novamente para repetir um evento de que não gostou de participar. Esse é o preço que pagamos para não querer ferir os sentimentos dos outros.

Em um mundo sem esse tipo de mentira, as amizades acabariam, as relações profissionais seriam repletas de tensão e as familiares seriam ainda mais difíceis.

Nossos relacionamentos românticos mais próximos também não são poupados das mentiras. Em um estudo feito em 2013,[32] Jennifer Guthrie e Adrianne Kunkel, da Universidade do Kansas, descobriram que apenas dois dos 67 participantes de um estudo não enganaram seus cônjuges ao longo de uma única semana.

A maioria dos participantes afirmou que mentia para evitar ferir os sentimentos do parceiro ou prejudicar o relacionamento. Se os relacionamentos passassem, de repente, a ser totalmente verdadeiros, desde quando olhamos nosso parceiro pela manhã até a hora de dormir, muitos deles provavelmente não durariam.

Paul Ekman tem uma frase que explica isso de maneira bem simples: "Gosto de brincar que a razão pela qual minha esposa e eu estamos casados há quarenta anos é o fato de termos banheiros separados. A princípio é apenas uma piada, porque há coisas que você não quer que as pessoas, nem mesmo o seu cônjuge, saibam – e não se trata apenas do que você faz no banheiro".[33]

Por outro lado, existem os mentirosos patológicos, aqueles que se envolvem em mentiras destrutivas em série, que não têm qualquer mérito social. Os chamados mitômanos são muitas vezes indivíduos narcisistas cuja necessidade de autoengano é motivada por uma extrema aversão à vergonha social, e tão profundamente enraizada que eles passam a acreditar nas próprias mentiras. As mentiras patológicas podem causar danos não somente para quem mentiu, mas para outras pessoas ao redor.

A neurobiologia da mentira

As funções executivas são desempenhadas na região pré-frontal do córtex cerebral, e representam a capacidade de planejamento e execução de atividades. São também conhecidas como funções de controle executivo ou controle cognitivo. Existem três núcleos centrais de controle executivo: inibição, memória de trabalho e flexibilidade cognitiva.

No contexto da mentira, o primeiro núcleo é responsável pelo autocontrole e pela inibição de determinados comportamentos, permitindo ao sujeito elaborar cuidadosamente a falsa história a ser contada, ao mesmo tempo que tenta esconder a verdade e seus reais sentimentos. A memória de trabalho é um mecanismo que nos permite manter uma informação armazenada e acessá-la enquanto estivermos usando essa informação, assim como incorporar novas informações ao planejamento mental.

É o que ocorre na elaboração de histórias inverídicas. O indivíduo precisa manter ativas na memória informações que estão sendo criadas instantaneamente. A flexibilidade cognitiva é a capacidade de mudar as perspectivas de acordo com a necessidade do momento. Durante um discurso mentiroso, essa função permite ao indivíduo mudar as estratégias de solução de problemas, de condução do enredo e assumir diferentes pontos de vista.

É por isso que quando uma pessoa conta uma mentira relativamente plausível, seu cérebro utiliza mais funções do que quando fala a verdade, pois é preciso selecionar cuidadosamente o que será falado e, ao mesmo tempo, esconder e manipular outros comportamentos e fatos indesejados. Se alguém pedir para o mentiroso contar a história no sentido inverso e lhe fizer perguntas que requeiram respostas mais consistentes, ficará mais fácil perceber que mentiras estão sendo contadas.

Agora você compreende por que as crianças pequenas não mentem de modo intencional. Elas ainda não têm o córtex pré-frontal suficientemente amadurecido para "arquitetar" e manter todas essas três funções executivas em funcionamento simultaneamente. Crianças pequenas mentem porque misturam realidade com fantasia. Em muitos casos, elas simplesmente confundem a vida real com o mundo lúdico.

Já crianças maiores mentem, na maioria das vezes, pelos mesmos motivos que os adultos: para evitar um resultado negativo, uma punição ou constrangimento; para ajudar alguém a se sentir melhor; para impressionar; ou para evitar desapontar uma figura de autoridade.

As pessoas recorrem à mentira por tantos motivos diferentes que seria impossível listar todos. No entanto, o principal motivo de alguém contar mentiras é para evitar a punição. Esse é o principal motivador para crianças e adultos. Outras razões típicas incluem querer evitar constrangimento, exercer poder sobre os outros e ganhar admiração.

Segundo Paul Ekman, os nove principais motivos pelos quais as pessoas mentem são:[34]

- proteger alguém da punição;
- ganhar uma recompensa;
- escapar de uma situação constrangedora;
- manter a privacidade;
- evitar punição;
- ganhar a admiração dos outros;
- se proteger de castigos;
- exercitar o poder sobre os outros;
- evitar passar vergonha.

Além disso, as crianças podem não se sentir seguras em dizer a verdade, ou podem simplesmente querer passar despercebidas. Outras vezes, elas mentem para chamar a atenção ou para provocar os pais.

A mentira frequente também está ligada ao comportamento impulsivo. Falar antes de pensar, por exemplo, é mais comum em crianças mais novas, que ainda não têm o controle de impulso, ligado à função executiva da inibição, bem desenvolvido. Em alguns casos, por uma combinação de razões, mentir pode se tornar um hábito. Na maioria das situações, porém, as crianças diriam a verdade se as condições fossem adequadas, e é sobre isso que falaremos mais adiante.

==Existe um grande motivo pelo qual as crianças mentem para os pais: as condições para que elas se sintam seguras não foram criadas. Como pais, além de ensinar hábitos positivos aos nossos filhos, precisamos criar um ambiente que incentive as crianças a falar sobre qualquer assunto e que seja seguro para que a verdade seja dita.== Fazemos isso avaliando nossas atitudes em relação à honestidade, iniciando uma conversa sobre esse tema com nossos filhos e incentivando a harmonia em nosso lar.

Também queremos garantir que lidamos com a desonestidade de maneira positiva, permitindo que nossos filhos aprendam com os erros em vez de ficarem desencorajados pela punição. É preciso aprender a lidar com a mentira e qualquer outro comportamento negativo que ela tenta encobrir, sem deixar que nossas emoções assumam o controle.

Quando enviamos a nossos filhos a mensagem de que eles podem dizer a verdade sem medo, damos grandes passos para promover a honestidade em nosso lar. Uma criança pequena mente por razões diferentes de um adolescente, que já sabe com clareza a diferença entre realidade e ficção. As crianças entram em seu mundo imaginário e frequentemente "embelezam" a verdade por diferentes razões e de maneiras diversas à medida que crescem.

Compreenda as características das mentiras por faixa etária

Crianças até 6 anos

As crianças pequenas são propensas a simplesmente confundir o que realmente aconteceu com sua imaginação, ou esquecer a verdade. Isso é somado à dificuldade natural de controlar os impulsos nessa idade. Você escutará várias pequenas inverdades fáceis de corrigir.

Especialmente as crianças até 4 anos ainda não têm quase nenhum amadurecimento do córtex pré-frontal, o que pode aumentar a incidência de "mentiras" fruto da mistura entre imaginação e realidade.

Nessa idade é crucial não dar muita importância à mentira. Se você se irritar ou der muito foco, as crianças vão repetir de novo e de novo. E por que isso acontece?

Porque o cérebro da criança percebe rapidamente o que chama a atenção do papai ou da mamãe; isso é instintivo. A criança sabe que, quando age de determinada maneira, consegue a atenção de seus pais, mesmo que negativa, e isso já é motivo suficiente para reforçar um hábito. É como se um neurônio dissesse para o outro: "Isso aí que você acabou de fazer funciona. Faz de novo!".

Quando se deparar com histórias inventadas ou pequenas inverdades ditas impulsivamente, converse calmamente com seu filho sobre a diferença entre realidade e ficção. Fale sobre a importância de dizer a verdade mesmo quando é difícil, porque a honestidade é importante para ter sucesso na vida.

Claro que esse tipo de conversa deve acontecer muitas e muitas vezes ao longo da infância. É importante lembrar que, além de as crianças estarem em desenvolvimento, todo aprendizado é um processo.

Crianças acima dos 6 anos

À medida que as crianças nessa faixa etária enfrentam novas experiências e aprendem mais sobre o mundo, você notará que elas querem fatos, dados e nada além da verdade. E, quanto mais se abrir com a verdade apropriada para a idade, em vez das histórias açucaradas que às vezes contamos para as crianças mais novas, mais elas confiarão em você.

A chave é manter a comunicação adequada à idade. Afinal, são crianças que ainda não estão prontas para toda a verdade sobre os problemas financeiros dos adultos ou sobre o verdadeiro motivo pelo qual mamãe e papai estão separados, mas provavelmente precisam de mais explicações do que você daria ao seu filho de 3 ou 4 anos.

Leve as preocupações das crianças a sério e, se não souber algum assunto ou como responder a uma dúvida, busque conhecimento ou informação para trazer a resposta assim que possível. Essa é uma ótima maneira de construir confiança, proximidade e conexão. São essas características que farão seus filhos correrem para você, e não de você, quando enfrentarem uma dificuldade na escola ou com os amigos do bairro.

Crianças dessa faixa etária já têm o córtex pré-frontal suficientemente desenvolvido para inventar uma mentira e mantê-la de maneira lógica e intencional. Elas já têm a habilidade de mentir deliberadamente para se livrar de problemas ou de algo que não querem fazer, mas também desejam desfrutar de um relacionamento próximo e confiante com os pais, mesmo que isso signifique enfrentar consequências ocasionais por algo que fizeram ou deixaram de fazer.

Na verdade, você está na idade de ouro da comunicação fácil com seus filhos. Faça todos os esforços para entrar no mundo deles e mostrar interesse por cada um e pelas atividades, pois isso se tornará mais difícil na adolescência. Eles retribuirão sendo honestos com você; na maioria das vezes, pelo menos.

Nesse sentido, seja aberto e transparente sobre sua própria vida, de acordo com a idade. Se você errou ou tomou uma decisão ruim, compartilhe. Mostre honestidade e deixe claro que não há problema em não ser perfeito, assim como em deixar que os outros vejam suas imperfeições.

Por volta dos 7 anos, as crianças estão amadurecidas para falar sobre honestidade em um nível mais profundo e já navegam no processo de vários anos de transição de um relacionamento infantil para um relacionamento um pouco mais maduro. Converse com seus filhos sobre o motivo de valorizar a honestidade. Mostre compaixão e esteja disposto a discutir exemplos de confiabilidade ou desonestidade. Mantenha a conversa sempre aberta e fluida.

Sete formas de agir que devem ser evitadas diante das mentiras

Quando se trata de soluções usadas pelos pais para lidar com as mentiras dos filhos, frequentemente "corretivos" como surras, castigos, ameaças e até mesmo lavar a boca com sabão ou passar pimenta são usados. Muitas pessoas da nossa geração já experimentaram esse tipo de punição.

Mas pare e reflita: essas atitudes realmente fizeram seu filho parar de mentir ou apenas o ensinaram a melhorar a narrativa para não ser pego da próxima vez?

As sete atitudes que vou explicar a seguir não apenas falham como pioram o problema. Com medo e vergonha, os filhos se afastam e se desconectam cada vez mais de seus pais.

1. Explodir de raiva

Sentir raiva é a reação mais comum dos pais que pegam os filhos mentindo. Primeiro vem aquele sentimento de traição: "Como meu filho pôde mentir para mim?". Em seguida temos a sensação de "Será que ele me acha com cara de bobo ou achou que eu não descobriria?".

O problema é que uma vez que as crianças descobrem que vamos explodir diante dos erros naturais do processo de aprendizado ou por seu mau comportamento, as chances são de que mintam cada vez mais. Raiva, frustração e aborrecimento são respostas que simplesmente colocam as crianças na defensiva. E, no modo defensivo, o cérebro entra em estado de "luta ou fuga". Nenhum aprendizado acontece, exceto que da próxima vez elas se esforçarão mais para não serem pegas.

Embora as crianças precisem aprender que mentir é uma decisão ruim, a raiva não é uma boa maneira de lhes ensinar isso. Elas aprenderão a levar a sério a mentira e o comportamento negativo que estava sendo encoberto, sendo encorajadas a não dizer a verdade no futuro.

2. Lavar a boca com sabão, passar pimenta e outros castigos físicos

É natural querer mostrar aos nossos filhos que escolhas ruins levam a resultados ruins, e é por isso que os pais são tão propensos a punir. Mas a punição funciona da mesma forma que a raiva: faz a parte racional do cérebro parar de funcionar, pois entra no modo "luta ou fuga", e nesse estado lutamos para nos proteger e nos defender.

Quando as crianças estão no modo defensivo, a oportunidade de aprendizado é perdida. Além disso, o relacionamento entre pais e filhos se degrada, pois elas percebem que os pais são capazes de machucá-las física ou emocionalmente.

Colocar as crianças de castigo ou mandá-las para o quarto para pensar não ajuda a resolver esse comportamento. Separe um tempo para conversar e deixe a criança processar os impactos da mentira. Não transforme esse momento em punição com atitudes agressivas ou desrespeitosas, mas em uma oportunidade de aprendizado.

3. Expressar decepção

Quando nossos filhos mentem, ficamos desapontados, pois nutrimos grandes esperanças de que eles estejam seguindo o caminho certo, não importa a situação. Algo em nós quer que eles saibam que nos decepcionaram.

É aqui que precisamos seguir o caminho certo, mas expressar nossa decepção para nossos filhos e fazê-los se sentirem culpados vai ser um tiro que sai pela culatra. Assim como no castigo físico ou na explosão de raiva, eles reagirão se defendendo, e não aprendendo com a situação.

Da próxima vez que se sentir tentado a dizer "Estou decepcionado com você", guarde a emoção para si mesmo e concentre-se nas soluções. Desempenhe o papel de pessoa que oferece apoio e administre a própria decepção longe de seu filho.

4. Argumentar

Quando pegamos nossos filhos mentindo, nossos instintos nos mandam dizer quão errados eles estão. Porém, quando somos sugados para uma discussão com nossos filhos, eles recebem um grande golpe de poder. Na verdade, as crianças às vezes podem usar a mentira como um jogo de poder para manter o controle sobre os pais.

==Argumentar contra uma mentira não ajuda a resolver o problema subjacente do motivo de a criança ter sentido necessidade de mentir. Essa resposta também falha em corrigir o mau comportamento que ela estava tentando encobrir em primeiro lugar.== A briga só prolonga a parte negativa da discussão e coloca a criança na defensiva. Será mais eficaz se todos se acalmarem primeiro.

5. Rotular como mentiroso

Uma das maneiras mais prejudiciais de reagir à mentira é rotular a criança como mentirosa, e isso pode fazer o comportamento continuar. Sempre que chamamos uma criança de mentirosa, dizemos a ela: "Você sempre será assim" ou "Mentir faz parte da sua identidade".

Podemos ficar tentados a usar o rótulo de maneira bem-intencionada para chamar a atenção para o mau comportamento e, principalmente, fazer a criança acreditar nisso. E, como os pequenos acreditam no que os pais dizem, podem pensar: *Se papai e mamãe falaram que sou um mentiroso, então eu sou mesmo.*

6. Exagerar na proporção

Às vezes, as crianças só precisam de um lembrete de que a honestidade é a melhor política, e você pode deixar por isso mesmo. Nem toda mentira é terrível, especialmente se o comportamento for raro. Da mesma forma, o aparecimento de mentiras como um novo comportamento não significa que a criança de repente "ficou má" ou que está escondendo segredos obscuros. Administre as mentiras, mas tenha em mente que pode ser só uma fase.

7. Exigir dezenas de detalhes

Mesmo relacionamentos honestos e bastante abertos entre pais e filhos não exigem que os pais saibam todos os detalhes do que acontece na vida dos filhos.

Embora nossas intenções sejam boas, não há necessidade de interrogá-los toda vez que entrarem ou saírem de casa. Se você definiu regras para onde podem ir, quando e com quem, pode relaxar com as pequenas coisas.

Especialmente à medida que seus filhos se tornam adolescentes, evite a demanda interminável de honestidade: Quem estava lá? O que eles estavam fazendo? Aconteceu alguma coisa? Guarde o interrogatório para quando realmente precisar da informação e relaxe enquanto isso.

Existe uma diferença entre interrogar uma criança sobre uma festa na casa do amigo e mostrar interesse pelo que aconteceu.

Como estimular que a verdade seja dita em sua família

Apesar do que presenciamos na sociedade, uma pesquisa mostrou que a honestidade é algo positivo. De acordo com um estudo de 2012[35] de Anita E. Kelly, professora de psicologia na Universidade de Notre Dame, nos Estados Unidos, quando as pessoas reduziram propositalmente o número de mentiras que contavam, relataram menos queixas de saúde mental e física.

O estudo relatou fortalecimento dos relacionamentos e melhora na saúde geral. Embora tenha sido realizado em adultos, é lógico que estamos preparando nossos filhos para o sucesso quando lhes ensinamos a valorizar a honestidade.

Há outros motivos pelos quais queremos ser honestos e educar nossos filhos para que sejam honestos também, por exemplo, termos relacionamentos mais próximos e menos conflitos de maneira geral. Queremos tornar a verdade fácil para nossos filhos e comum em nossas casas, mas a maior barreira para as crianças dizerem a verdade é não se sentirem seguras para fazer isso. Nosso trabalho começa quando tornamos nosso lar seguro para que a verdade seja dita. Mas como fazer isso?

1. Dedique tempo para se conectar emocionalmente

A coisa mais importante que você pode fazer para promover um relacionamento aberto e honesto com seu filho é ter tempo com ele, para conversar, para se aproximar, para se conectar e conhecê-lo. Quando você mostra que se importa o suficiente para entrar no mundo dele, seu filho se sente seguro para compartilhar o que está acontecendo, mesmo que seja difícil.

2. Mude o jeito de olhar para os erros

Deixe claro para seu filho que os erros são grandes oportunidades de aprendizado para fazer escolhas melhores no futuro. Se ele souber que você não ficará bravo ou desapontado quando ele errar, é provável que seja aberto e honesto com você. Para corrigir um erro, simplesmente diga algo como: "Essa é uma grande oportunidade de aprender. Se pudesse fazer tudo de novo, o que você faria diferente?". Se as ações de seu filho afetaram negativamente outra pessoa, converse sobre o que precisa ser feito para consertar as coisas com o amigo ou conhecido.

3. Fale sobre sentimentos

Em suas conversas sobre a verdade, pergunte a seu filho como a mentira o faz se sentir e, em seguida, como a honestidade o faz se sentir. Compartilhe suas próprias histórias sobre dizer a verdade mesmo quando foi difícil e também sobre como se sentiu depois de mentir. Quando ele percebe que a mentira cria um enorme peso mental, é provável que opte pela verdade.

4. Faça perguntas estratégicas

Essa é a armadilha mais comum quando lidamos com desonestidade: fazer perguntas cuja resposta já sabemos ("Você terminou sua lição de casa?"). Em vez disso, tente falar coisas como: "Quais são seus planos para terminar sua lição de casa?". Se seu filho não completou o dever de casa, em vez de mentir, pode agir para concluir o que ainda não foi feito.

5. Crie um ambiente seguro para a verdade

Se seu filho estiver preocupado em ser punido a qualquer momento, não se sentirá seguro para dizer a verdade se você grita e faz ameaças o tempo todo. Pratique um tom de voz calmo, mesmo que seja desafiador no começo. O tom de voz mantém o sistema nevoso humano mais seguro e receptivo. Além disso, concentre-se em soluções que resolvam o problema em vez de atribuir a culpa ao outro.

QUANDO SE DEPARAR COM HISTÓRIAS INVENTADAS OU PEQUENAS INVERDADES DITAS IMPULSIVAMENTE, CONVERSE CALMAMENTE COM SEU FILHO SOBRE A IMPORTÂNCIA DE DIZER A VERDADE MESMO QUANDO É DIFÍCIL, PORQUE A HONESTIDADE É IMPORTANTE PARA TER SUCESSO NA VIDA.

6. Fale sobre confiança e seja confiável

Ajude seu filho a aprender o que é preciso para confiar em alguém. Por exemplo, conhecer alguém há muito tempo, compartilhar experiências positivas, se são ou não confiáveis para a mamãe e o papai, e assim por diante.

Ensine que nenhum desses atributos é garantia de confiabilidade, mas que aprendemos sobre as pessoas com o tempo e construímos uma opinião sobre elas. Mostre ao seu filho que a confiança é construída aos poucos, com muitas interações e experiências, mas que pode desabar rapidamente em caso de desonestidade. Essas conversas podem ajudá-lo a fazer as próprias escolhas positivas sobre honestidade, a avaliar os relacionamentos e a se manter seguro.

Certifique-se de cumprir sua palavra e de não prometer aquilo que não pode ser cumprido. Seu filho precisa confiar em você e saber que você confia nele. Nosso modelo é muito importante nessa jornada.

7. Reconheça e aprecie a honestidade

Expresse encorajamento quando seu filho disser a verdade. Diga a ele: "Deve ter sido difícil para você me contar o que aconteceu. Admiro sua coragem em dizer a verdade. Você está crescendo!".

Quando seu filho se abrir, resista ao impulso de criticar. Concentre-se no grande dilema e aconselhe-o para fazer escolhas sábias. Se ele se sentir respeitado em vez de julgado, voltará mais vezes.

8. Seja um bom ouvinte

Nossos filhos sabem quando estamos mais interessados no celular ou no filme da TV do que neles. Se não mostrarmos que estamos ouvindo ativa e genuinamente, nos importando com o que eles têm a dizer, a vontade de se abrir e contar a verdade tende a diminuir.

Quando não puder ouvir o que seu filho tem a dizer, você pode comunicar isso: "Sinto muito, agora estou em uma reunião e não consigo, filho. Você pode me dar cinco minutos para terminar o que estou fazendo e conseguir te dar atenção?".

Em seguida, escute o que ele tem a dizer, cumpra sua palavra. Quando chegar sua hora de falar, a probabilidade de ser ouvido pelo seu filho também aumentará muito.

9. Treine a empatia

Queremos que todos na casa se sintam respeitados, mesmo quando compartilham fatos desconfortáveis. Quer seja o fato de ter feito xixi na cama ou a briga com o amigo da escola, é imperativo que a criança se sinta respeitada ao compartilhar. Aproveite as oportunidades em família para treinar a empatia para que todos, até mesmo os irmãos, saibam como responder de forma empática e construtiva quando alguém precisar falar sobre o que sente ou sobre algo que aconteceu.

10. Pratique a honestidade em sua vida

Lembre-se de que os ouvidos e os olhos do filho estão sempre sintonizados nos pais. ==Se você inventa uma história sobre o verdadeiro motivo de não ser voluntário no evento de fim de ano da escola, saiba que suas ações não passam despercebidas por seus filhos. Ser honesto, mesmo quando não for fácil, ajudará seu filho a ganhar a coragem necessária para fazer o mesmo.==

11. Reforce o amor incondicional

Lembre-se sempre de que, embora às vezes você não goste do comportamento do seu filho, não há nada que possa fazer para mudar seu amor por ele.

Outros pontos importantes para quando você desconfiar de uma mentira

1. Não castigue

Uma das principais razões pelas quais as crianças mentem é – você adivinhou – para evitar punição. Se você punir pela mentira ou pelo comportamento negativo que seu filho está tentando esconder, só causará mais danos. É quase certo que ele vai mentir de novo para evitar punição – e, com bastante prática, ficará bom nisso. Em vez de martelar exatamente como seu filho errou, concentre-se nas soluções. Ele aprenderá com a experiência e é provável que diga a verdade da próxima vez.

2. Tenha certeza

Se você não tem certeza de que seu filho está mentindo, calma. Caso ele esteja falando a verdade, ficará superdesanimado se não acreditar nele. Se realmente não tem certeza, não julgue e não culpe.

3. Separe a mentira do comportamento

Todo comportamento é uma comunicação. Todo comportamento tem algo para dizer que normalmente não está visível a nossos olhos. Uma criança carente, sem afeto, sem atenção positiva dos pais, tende a se comportar mal e a buscar chamar a atenção deles, mesmo que de forma negativa.

Então separe a mentira do comportamento, porque uma mentira pontual também pode ser sinônimo de outras causas não percebidas, como necessidades emocionais não atendidas. Uma criança pode ter ótimo comportamento, mas contar uma mentira por diferentes motivos.

4. Busque encontrar o motivo da mentira

Tente descobrir o motivo pelo qual seu filho não se sentiu seguro para dizer a verdade. Diga: "Filho, isso não parece ter acontecido. Você deve ter sentido medo de me dizer a verdade. Quer fazer uma pequena pausa? Podemos conversar sobre isso quando você quiser falar". Você obterá a honestidade que procura, bem como informações que podem ajudá-lo a promover a verdade no futuro.

5. Pense no mau comportamento

Faça a si mesmo estas perguntas:

- O que esse comportamento está me dizendo?
- Como posso ter contribuído para esse comportamento?
- De que tipo de ajuda meu filho precisa para fazer uma escolha melhor no futuro?

Abordar o mau comportamento de seu filho como uma oportunidade de compreensão e aprendizado o fará sentir seguro em vez de ameaçado, e isso o levará a ter maior predisposição a contar a verdade.

O que fazer quando as mentiras se tornam uma constante

Agora sabemos que as mentiras não são o fim do mundo e temos maneiras concretas de evitar e lidar com elas. Mas você pode estar pensando: *O problema do meu filho com a mentira é crônico e virou um desafio!*

Vimos que a "mentira inocente" é comum. Mas mentir o tempo todo, quase por reflexo ou hábito, precisa ter suas causas compreendidas.

1. Mentira defensiva para se proteger dos pais autoritários

Esse tipo de mentira habitual é mais comum em famílias que costumam responder aos filhos com gritos, vergonha ou punição. Os irmãos seguem as dicas dos pais e atacam uns aos outros com palavras ou ações ofensivas, resultando em turbulência emocional. Com o tempo, as crianças aprendem a mentir como forma de se proteger. Afinal, se disserem a verdade, serão envergonhadas ou punidas, então é emocionalmente mais seguro mentir. Um hábito é formado, e as crianças mentem mesmo quando não precisam.

2. Mentira por impulso

Algumas crianças que mentem com frequência o fazem porque têm dificuldade em controlar os impulsos. Isso é comumente visto em crianças com transtorno do déficit de atenção e hiperatividade (TDAH) e outros diagnósticos. Portanto, se seu filho não para de mentir, vale a pena consultar o pediatra.

Mas as crianças nem sempre precisam de um diagnóstico para sofrer com os desafios de controle de impulso já vistos antes neste livro. A maioria dos pais sabe quando os filhos têm problemas com o controle dos impulsos. Eles veem todas as outras crianças esperando pacientemente em uma festa de aniversário enquanto as deles estão ocupadas pegando doces na mesa do bolo antes da hora.

Os pediatras podem recomendar especialistas para diagnosticar problemas como o TDAH, por exemplo, que aumentam as chances de a criança contar mais mentiras por falta do controle de impulso. A boa notícia é que, se você auxiliar seu filho a lidar com a falta de controle de impulsos agora, isso pode ajudá-lo a evitar problemas maiores no futuro.

3. Mentir para chamar a atenção

Se seu filho não para de tentar "embelezar" a verdade, pode ser que esteja em busca de atenção. Ele pode estar mentindo para impressionar os pais, os professores, os amigos. Essa necessidade de atenção torna-se uma porta de entrada para a mentira compulsiva, especialmente porque muitas vezes ele terá que inventar novas mentiras para manter as antigas.

Você saberá que esse é o desafio específico de seu filho se ele mentir de maneira proativa; ele geralmente não está mentindo para se livrar de problemas, mas usando a mentira para se destacar. Uma boa solução para esse comportamento é dar atenção positiva para que ele não sinta a necessidade de mentir por isso.

Garanta que ele receba muita atenção positiva dos pais para aprender que não precisa impressionar continuamente os outros para se sentir amado. Isso geralmente resolve o problema, pelo menos na família. Se continuar a mentir fora de casa, trabalhe para ajudá-lo a aprender estratégias para desenvolver relacionamentos positivos, pois ele pode precisar aprimorar as habilidades se estiver contando com mentiras. Com um bom relacionamento com os pais e muito amor incondicional, o hábito de mentir pode ficar no passado.

Verifique as influências: com quem seu filho passa a maior parte do tempo?

Pode ser difícil mudar as amizades de seu filho ou evitar a influência do que ele vê ou assiste na TV ou na internet, mas se você suspeitar de que ele está em má companhia, pode fazer ajustes na quantidade de tempo que passa com determinadas pessoas. Por exemplo, se o vizinho com quem seu filho sai depois da escola tem problemas com desonestidade, permitir que seu filho se inscreva em uma atividade depois da aula pode ser uma ótima maneira de ajudá-lo a fazer amizades novas e mais adequadas.

1. Procure ajuda profissional

Isso é fundamental se você notou um comportamento perigoso ou se acha que pode haver algum motivo médico ou psicológico por trás das mentiras frequentes contadas por seu filho.

2. Alerte os cuidadores da criança

Aqui entram babás, professores ou alguém da família que está sempre em contato com a criança. Quando mentir se torna um problema significativo, os cuidadores de confiança precisam saber, mesmo que seja apenas para a segurança da criança. Peça ajuda deles para promover uma atmosfera aberta, honesta e segura.

Se estamos treinando nossos filhos para não mentir, como lidar com mentiras inocentes?

É uma pergunta que pode ter surgido na sua mente agora que está chegando ao fim deste capítulo, especialmente porque a maioria dos adultos conta mentirinhas convenientes de vez em quando. Quer digamos ou não a verdade sobre a pizza salgada de atum que sua sogra faz toda vez que a visitam, você precisará explicar algumas coisas importantes para seus filhos.

As crianças veem o mundo como preto e branco. Para elas, uma mentira é uma mentira, praticamente sem nenhuma área cinzenta. E, embora os adolescentes possam começar a perceber a diferença, não é segredo que mentiras inocentes podem ser uma ladeira muito escorregadia em qualquer idade.

É que estamos tentando modelar a honestidade, e nossos filhos vão detectar as mentiras inocentes que podemos contar para escapar do voluntariado no piquenique de fim de ano escolar ou de tomar conta de um cão dinamarquês por uma semana. As mentiras inocentes são um hábito que você precisa considerar deixar de lado.

Dito isso, nossos filhos ainda precisarão de uma explicação para as mentiras inocentes que ouvem. Diga a eles que às vezes as pessoas usam mentiras inocentes para evitar ferir os sentimentos dos outros e que, na maioria das vezes, fazem isso com boas intenções.

Então, precisamos treinar nossos filhos de maneiras mais positivas para evitar ferir seus sentimentos e ensinar a eles que não há problema em dizer: "Não, não gosto de gatos e por isso prefiro não cuidar do seu animal de estimação". Certifique-se de observar e incentivar seus esforços à medida que eles aprendem a ser honestos sobre os próprios limites.

==O importante é lembrar aos seus filhos que não devemos usar mentiras para nos livrar de problemas ou impressionar as pessoas.==

Tudo bem dar uma opinião desonesta para evitar ferir os sentimentos de alguém?

Como as crianças veem a mentira como preto no branco, realmente queremos evitar mentiras em praticamente todas as situações. Mas você pode dizer a seus filhos que quase sempre existe uma opção melhor, que é procurar a "boa verdade".

Quando oferecer opiniões e elogios sobre a aparência de algo ou de outras pessoas, concentre-se nos pontos positivos. Por exemplo: você pode não ter gostado do desenho do seu filho, mas pode buscar pontos positivos a serem elogiados, como as cores escolhidas.

Com isso, você pode ensinar a seus filhos que há momentos em que as pessoas realmente querem nossa opinião honesta. Essas perguntas geralmente são formuladas de maneira diferente:

"O que você achou, de verdade, da música que cantei?" e menos como "Você gostou da minha música?".

Nesses casos, as crianças podem aprender a oferecer uma crítica construtiva, e usar o encorajamento. Exemplo: "Uau! Você cantou no tom perfeito. Percebi que no meio errou a letra, mas é só continuar ensaiando que será um grande cantor!".

Honestidade × discrição

Por questões de segurança e habilidades sociais, ensine a seu filho que o caixa do supermercado não precisa saber sobre a dor de barriga que ele teve no meio da noite, mas que a vovó adoraria escutar o que ele tem a dizer. Essencialmente, inicie uma conversa apropriada para a idade sobre os limites com base no nível de confiança e no tipo de relacionamento.

Aprender sobre discrição desde cedo evitará muitos momentos embaraçosos em família e ajudará a manter altos os níveis de confiança. Os irmãos podem ser mais vulneráveis uns com os outros se estiverem confiantes de que ninguém vai contar para todo mundo na escola sobre seu medo do escuro ou sobre o último episódio de xixi na cama.

Treinar as crianças em todas as pequenas nuances da verdade manterá a conversa fluindo abertamente na família. Quanto mais conscientes elas estiverem da importância da honestidade, maior a probabilidade de transformá-la em um hábito.

Importante lembrar que não existe perfeição na humanidade. Somos falhos e errantes, mas podemos aprender a errar menos e ensinar nossos filhos a fazerem o mesmo.

DIA
19

CUIDAR DE VOCÊ VAI AJUDAR A CUIDAR DO SEU FILHO

Dedicar um tempo para si mesmo todos os dias não é egoísmo, é autocuidado. Se não cuidamos de nós mesmos, não conseguimos dar o nosso melhor para ninguém, nem para nossos filhos.

Sem autocuidado, eu jamais poderia ter me tornado a mãe que sou hoje, muito menos exercer minha profissão como exerço. Tenho plena convicção de que mudar minhas atitudes e reservar um tempo para mim todos os dias me tornou mais calma para cuidar dos meus filhos, e isso me trouxe mais paz, realização e melhores resultados na vida pessoal e profissional.

Se você acha que precisa se ocupar o tempo todo com atividades de trabalho e cuidados com a casa, fazendo tudo pelos outros, acaba esquecendo da pessoa mais importante da sua vida, que é você mesmo. Se você ainda não parou para se olhar e cuidar, é hora de criar novos hábitos e procurar passar um tempo sozinho. Você pode fazer isso acordando mais cedo e começando a manhã com tranquilidade, tomando café sozinho, curtindo um banho longo sem pressa nem gritaria.

Estabeleça sua rotina e priorize um tempo, mesmo que seja de trinta minutos no seu dia, para atividades que contribuam para aliviar seu estresse. Podem ser exercícios físicos, meditação, almoçar com um amigo querido ou com seu/sua parceiro/a. Escute músicas, saia para fazer uma caminhada ou simplesmente relaxe lendo um livro imperdível, em silêncio e sozinho.

Estar consigo mesmo e se sentir bem é fundamental no caminho de aprender a gostar de si e de sua própria companhia. Isso se chama solitude, que é muito diferente de solidão. A solitude traz paz, harmonia e melhora a saúde mental e emocional do ser humano. Para nos tornarmos uma boa companhia para o outro, precisamos em primeiro lugar estar bem em nossa própria companhia.

A falta de autocuidado e os afazeres do dia a dia causam muito estresse e aumentam os níveis de cortisol no corpo humano. Isso prejudica o nosso organismo. Quando o estresse é constante, o cérebro entra em estado de alerta e sofremos um aumento na tendência:

- ao descontrole;
- ao desequilíbrio emocional;
- aos comportamentos de raiva e gritos.

E tudo isso afeta todo o ambiente. Razão pela qual decidir olhar para si mesmo é um ato de amor por si e por todos os membros da sua família.

Se você está sobrecarregado, a ponto de explodir, com raiva, precisa reconhecer suas necessidades acima de tudo – as necessidades físicas, mentais e emocionais. Assuma que precisa de atenção, precisa ser ouvido, ser acolhido, ter suas opiniões validadas. Assim como as crianças, os adultos necessitam de cuidados e atenção.

Você não é uma rocha e não tem que aguentar tudo. O papel de salvador da pátria não nos cabe, porque somos seres imperfeitos e vulneráveis por natureza.

Antigamente, as mães viviam para cuidar dos filhos, esquecendo que também podiam cuidar delas mesmas, o que trazia angústia, desânimo e irritação. No entanto, ter uma mãe sorridente, de bem com a vida, é o melhor presente que um filho pode ganhar.

O mais importante desse momento de autocuidado é:

- Fazer algo que recarregue você, como sair para tomar café com uma amiga no meio da tarde ou uma caminhada sozinha no parque após o trabalho;
- Algo que lhe agrade sinceramente, mas que deixou de fazer após a chegada dos filhos, como sair para dançar, viajar para um lugar novo ou simplesmente assistir àquela série na TV que tanto deseja;
- Alimentar o seu corpo, mente, coração e a sua alma.

Inspire-se na história de Marília e seus filhos.

> A rotina de Marília consistia em acordar bem cedo e tirar os três filhos da cama – João Jr., de 9 anos; Igor, de 8; e Leo, de 7 – para irem à escola. Enquanto eles se arrumavam, ela organizava o café da família. Depois levava os três de carro até a entrada da escola e todos desciam a rampa juntos. Durante o caminho, os irmãos sempre brigavam entre si; isso virou rotina. Para Marília, esse trajeto era desgastante e ela acelerava para fazer tudo rápido e ter um pouco de paz.
>
> Quando retornava para casa, Marília começava a recolher a roupa suja e colocá-la na máquina de lavar. O mesmo era feito com a louça. Ela arrumava todas as camas e se despedia do marido, que saía para o trabalho.
>
> Em torno das 9 da manhã, Marília começava o seu trabalho on-line, com vendas de roupas infantis, importadas da

China. Respondia a mensagens de clientes, fechava vendas, providenciava as entregas. Fazia tudo com muita pressa, porque depois precisava terminar a limpeza dos banheiros, colocar a roupa no varal e começar a fazer o almoço.

Quando percebia que estava perto das 11h30, começava a cozinhar para os filhos, que chegariam de transporte escolar por volta das 13 horas. Os filhos entravam e iam largando as mochilas e os tênis pela casa. Eles logo ligavam o videogame e em pouco tempo começavam as brigas entre os irmãos. Às vezes, Marília tapava os ouvidos com as mãos para tentar aliviar a tensão.

Marília começava a chamar os filhos para almoçar e a resistência era grande; eles sempre pediam que ela esperasse terminar a fase do jogo. Enquanto isso, Marília almoçava sozinha e na sequência voltava ao trabalho no computador. Entre um e-mail e outro, via os filhos fazendo as refeições no chão da sala. Depois eles deixavam os pratos por ali mesmo e desciam para jogar futebol na quadra do condomínio.

Esse momento era um alívio. Na ausência dos meninos, ela fazia uma pausa no trabalho com as vendas para arrumar a bagunça da casa. Marília desfrutava de algumas horas de silêncio, mas já antecipava a tensão por causa da lição de casa que os filhos teriam de fazer. Esse era sempre um momento complicado, por isso ela o adiava sempre que possível.

Ela continuava seu trabalho on-line, sempre de olho no horário para retomar seus compromissos com os filhos. Marília sabia que o maior estresse do dia aconteceria na hora de chamar os meninos para tentar fazê-los tomar banho, tomar o lanche da tarde e sentar para fazer a lição de casa. Ela fechava os olhos, respirava fundo, contava até três e ia buscá-los na área de lazer do condomínio. Chegando à

quadra, via os meninos correndo de um lado para outro atrás da bola, acompanhados de uma turma de amigos da mesma idade.
Naquele dia, João Jr. fez um gol e deixou sua mãe orgulhosa. Foi talvez o único momento do dia em que ela sentiu seu semblante se abrir. No entanto, logo caiu na real e se lembrou do horário curto para fazer tudo o que faltava no dia. E ela sabia que a resistência dos meninos ia começar. Precisava angariar forças para a batalha que teria pela frente.
— Júnior, Igor e Leo! — gritou Marília. — Está na hora!
Eles fingiram não escutar. Leo passou pela frente da mãe, e Marília aproveitou para segurar o braço dele com firmeza. Leo se debateu, escapou e voltou a correr atrás da bola.
Marília terminava seu dia extremamente estressada e sem energia. Quando João chegava em casa, ela estava esticada no sofá, sem ter comido nada e sem apetite. Pouco tempo depois ela ia tomar um banho e dormir, deixando os filhos na sala, grudados no videogame.
Os momentos com João eram de muitas queixas sobre o dia desgastante que ela teve. O marido não dava mais atenção à sua fala, devido a seu estresse da rotina e a seu trabalho muito exigente.
Quando Marília percebeu que adoeceria pelo desgaste emocional, veio buscar sessões de orientação parental comigo. Ela, então, se deparou com um conhecimento sobre comportamento infantil e relacionamento entre pais e filhos que a deixou impressionada, e também muito animada para começar as mudanças.
Marília começou a estabelecer uma nova rotina com os filhos. Conversou com os três, explicando que a maneira como conduzia o dia a dia da família mudaria. Explicou como se sentia, afirmou que todos ali eram importantes,

> mas precisavam fazer a sua parte para que a harmonia surgisse na família. Os jogos de videogame só seriam permitidos depois que a lição de casa fosse feita. Ao chegarem da escola, os meninos colocariam os tênis e as mochilas no novo canto que Marília preparou para esse fim. Cada um se comprometeu a fazer a sua parte. A cada avanço, Marília mostrava os benefícios das conquistas para todos. Ela começou a ter tempo para assistir aos jogos dos filhos, vibrando com as conquistas de cada um. Eles mesmos se comprometeram com o horário do banho e das tarefas escolares, pois passaram a se sentir vistos e queridos agora que tinham a atenção da mãe, o que impactou positivamente no comportamento das crianças.

Hoje, Marília não precisa mais juntar os pratos do chão, pois todos almoçam juntos e cada um tira seu prato da mesa. Uma das estratégias que ela usou para conseguir essa mudança consistiu em agradecer e demonstrar seu apreço a cada avanço que os filhos foram apresentando.

Estabelecer uma rotina e mudar a dinâmica da família acabou proporcionando mais tempo livre para Marília se cuidar e realizar as atividades para as quais antes não sobrava tempo, em meio ao caos em que vivia. Ela voltou para a academia e passou a tomar um café com suas amigas uma vez por semana para colocar o papo em dia e manter as amizades de que tanto sentia falta.

DIA 20

REPARE
OS DANOS

Quero começar a abordar esse assunto com uma pergunta: você sabe a diferença entre relacionamentos funcionais e tóxicos?

Uma das características que diferenciam esses dois tipos de relacionamento é a habilidade de reparar danos.

Em um relacionamento disfuncional não existe espaço para diálogo, pedido de desculpas nem reconhecimento dos próprios erros, e sim muita culpa, confusão e pouca empatia.

Em um relacionamento saudável, os adultos conhecem suas forças e fraquezas. Eles reconhecem e aprendem com seus erros, pedem desculpas e buscam ajustar seu comportamento.

Eles também têm a habilidade de compreender o outro e não priorizam apenas seus interesses e bem-estar, mas compreendem as necessidades emocionais das pessoas que amam ou com quem convivem.

Além disso, adultos emocionalmente saudáveis buscam reparar os danos quando reconhecem que erraram. Eles são capazes de dizer coisas como:

- Desculpe por ter descontado minha frustração em você.
- Eu gritei com você, e foi um descontrole da minha parte. Eu sei que não é certo agir assim. Da próxima vez, vou me acalmar antes de falar com você!
- Eu fui muito grosseiro com você na hora do almoço. Eu estava com raiva do meu chefe, e você não tinha nada a ver com isso. Eu te amo, me desculpe.

Magoar alguém com palavras ou atitudes e esperar que essa pessoa siga agindo como se nada tivesse acontecido é negligência emocional.

O problema é que a maior parte de nós foi criada em lares onde éramos feridos, magoados, invalidados e onde não existia reparação. Então seguíamos adiante como se nada tivesse acontecido e passamos a reproduzir ou normalizar esse comportamento nas relações. Mas a única coisa que essas atitudes ensinam é que o que sentimos não é importante, e assim passamos a fingir que está tudo bem.

Então você cresce e aprende que é desse jeito que se relaciona. Você aprende que a melhor maneira de lidar com os problemas é fingir que eles não existem.

Claro que conflitos são parte natural de todas as relações humanas, mas aprender a compreender e validar o que sentimos é muito importante para o sucesso em todas as áreas da vida.

A maior parte da negligência emocional não ocorre de maneira intencional. Na verdade, ela faz parte de um padrão aprendido e passado de geração em geração, mas podemos mudar nossos padrões.

ACEITAR, COMPREENDER E REPARAR NOSSOS ERROS É PARTE FUNDAMENTAL DO PROCESSO DE CONSTRUÇÃO DE UM RELACIONAMENTO EMOCIONALMENTE SAUDÁVEL CONOSCO E COM O OUTRO.

Veja cinco maneiras de reparar danos:
1. Quando perceber que sua atitude feriu seu filho, pare, se acalme e tenha uma conversa. Peça desculpas. Isso não torna você fraco, mas humano. O mais importante é que, quando pedir desculpas, você realmente tenha a intenção de mudar. De nada adianta se desculpar e no dia seguinte fazer tudo igual.
2. Permita que o outro fale sobre como se sentiu com o que você falou ou fez, mesmo que isso o deixe desconfortável.
3. Se o seu filho não quer ouvir o que você tem a dizer na hora, respeite o espaço e o tempo dele, mas mantenha-se aberto para ouvir.
4. Cada pessoa tem seu próprio ritmo. Apressar, pressionar ou culpar alguém para superar uma situação só cria mais distância. Importante sair do lugar de dono da razão para se conectar com o que o outro sente.
5. Ignorar a dor de seu filho não a fará desaparecer. Assuma sua responsabilidade como adulto na reparação das suas atitudes.

Quando mudamos nosso comportamento, o comportamento dos nossos filhos também muda, e para muito melhor. Aceitar, compreender e reparar nossos erros é parte fundamental do processo de construção de um relacionamento emocionalmente saudável conosco e com o outro.

DIA 21

QUEBRE O CICLO!

Evidências sugerem que adultos que foram abusados ou negligenciados quando crianças correm maior risco de abuso ou negligência intergeracional em comparação com aqueles que não o foram.[36, 37]

Isso demonstra que os pais que sofreram abuso físico na infância eram significativamente mais propensos a se envolver em comportamentos abusivos em relação aos próprios filhos ou às crianças sob seus cuidados.

==Crescer em ambientes familiares abusivos pode ensinar às crianças que a violência e a agressão constituem um meio viável para lidar com conflitos interpessoais, o que pode aumentar a probabilidade de que esse ciclo de violência continue quando elas atingirem a idade adulta.==

Pesquisas mostram[38, 39] que os principais fatores socioambientais que resultam em violência são os maus-tratos na infância, a pobreza e a criminalidade, e o maior nível de evidência está relacionado à negligência parental precoce.

Um estudo publicado em maio de 2012 no *International Journal of Environmental Research and Public Health*[40] demonstrou que o abuso físico, sexual ou emocional vivenciado durante a infância causa impactos negativos e previsíveis no desenvolvimento da personalidade humana.

Além disso, as taxas de trauma infantil e adulto são notavelmente elevadas entre os homens encarcerados. Mais da metade dos presos do sexo masculino (56%) relatou ter sofrido trauma com abusos físicos na infância.

O trauma, tanto vivenciado quanto testemunhado, muitas vezes continua na idade adulta. Os estudos mostraram que todos os tipos de trauma infantil (físico, sexual e negligência) aumentam o risco de repetir padrões violentos ao longo da vida.

O abuso emocional, principalmente o abandono, também mostrou prevalência entre os homens encarcerados. Muitos relataram terem sido abandonados por seus cuidadores durante a infância ou adolescência.

Outra pesquisa, conduzida em 2016 pela Força-Tarefa Nacional nos EUA,[41, 42] demonstrou que a exposição à violência afeta aproximadamente duas em cada três crianças americanas. Além disso, 90% dos delinquentes juvenis nos Estados Unidos experimentaram algum tipo de evento traumático na infância e até 30% dos jovens americanos envolvidos com a justiça atendem aos critérios para transtorno de estresse pós-traumático devido a traumas vivenciados durante a infância.

==A incidência de altas taxas de trauma e abuso na infância entre indivíduos envolvidos em atividades criminosas não deve ser uma surpresa. Quando compreendemos a importância das relações e do ambiente na formação da arquitetura do cérebro humano, especialmente no início da vida, mudamos nossa visão sobre a violência na vida adulta.==

Nem todos terão a oportunidade de ler um livro sobre neurociência e/ou encontrar uma oportunidade de se autoconhecer e curar suas feridas durante a adolescência ou no início da vida adulta, muito menos obter o conhecimento necessário para mudar padrões aprendidos e repassados de geração em geração, antes de replicarem a agressividade e a violência que sofreram com outras pessoas que cruzarem seus caminhos ao longo da vida.

A criança que cresce em um ambiente hostil acredita que a falta de afeto, empatia e respeito é a maneira correta de ser tratada e de tratar as pessoas ao redor. Compreender isso é o primeiro passo para que pais e profissionais ligados à infância mudem sua visão sobre o modo de educar e tratar uma criança.

Castigos, punições e ameaças não educam, mas deixam feridas que serão lembradas durante toda a vida se não forem olhadas, tratadas e curadas ao longo do caminho.

Também é certo que nem todas as crianças que passam por experiências adversas na infância se voltam para o crime ou para a violência, no entanto existe a comprovação de que quanto maior o número de adversidades enfrentadas na infância, maior a probabilidade de vícios, depressão e repetição de padrões violentos na vida adulta.

A violência parental, tanto a emocional quanto a física, pode impedir que as crianças se sintam seguras na própria casa. Elas podem acreditar que serem agredidas ou desrespeitadas é normal e que os relacionamentos são perigosos. Isso acontece porque elas viveram a experiência de não poder confiar nos adultos próximos, como pais ou professores, que usavam de castigos, tapas, gritos ou qualquer outro tipo de agressividade na relação com elas.

O problema é que essas crianças podem, com o passar do tempo, se unir a grupos de amigos que usam drogas, praticam vandalismo, abusam do álcool ou cometem pequenos crimes para evitar que outros as vejam como fracas ou, ainda, para neutralizar sentimentos de desespero e impotência, perpetuando o ciclo de violência e aumentando o risco de encarceramento na adolescência ou vida adulta.

CASTIGOS, PUNIÇÕES E AMEAÇAS NÃO EDUCAM, MAS DEIXAM FERIDAS QUE SERÃO LEMBRADAS DURANTE TODA A VIDA SE NÃO FOREM OLHADAS, TRATADAS E CURADAS AO LONGO DO CAMINHO.

Nossa sociedade defende medidas duras como solução para reduzir o crime. Porém, prender as pessoas como forma de combater o crime não resolverá o problema, porque as causas da violência estão em nossos valores básicos humanos e na maneira como nos desconectamos de nossa natureza e olhamos para a infância do ser humano.

Para conseguir desfazer os danos causados por inúmeras gerações violentas anteriores, serão necessárias muitas gerações futuras para transformar nossa psicobiologia de violência em uma de paz.

Castigos físicos, filmes violentos e programas de TV ensinam aos nossos filhos que a violência física é normal. Mas essas primeiras experiências de vida não são a principal fonte de comportamento violento no ser humano.

Um estudo feito[43] pelo Departamento de Psiquiatria e Ciências do Comportamento da Escola de Medicina da Emory University, nos Estados Unidos, demonstrou que a exposição a experiências traumáticas, especialmente aquelas que ocorrem na infância, tem sido associada a transtornos por uso de substâncias, incluindo abuso e dependência de drogas, também altamente frequentes em transtorno de estresse pós-traumático.

Esse estudo examinou a relação entre trauma na infância e o uso de substâncias em uma amostra de 587 participantes, todos recrutados nas salas de espera da clínica médica e ginecológica do Grady Memorial Hospital, em Atlanta.

O resultado: nessa população altamente traumatizada, foram encontradas altas taxas de dependência de várias substâncias ao longo da vida (39% de álcool, 34,1% de cocaína, 6,2% de heroína/opiáceos e 44,8% de maconha). O nível de uso de substâncias, particularmente cocaína, está fortemente correlacionado com os índices de abuso físico, sexual e emocional na infância.

Esses achados apoiam a conclusão de que o abuso e a dependência de álcool e drogas entre adolescentes e adultos têm raízes na infância, especialmente em experiências traumáticas pré-natais e perinatais que estão obviamente além do controle dos viciados em drogas.

As estatísticas de crimes violentos, no entanto, subestimam grosseiramente a prevalência da violência no lar. É provável que menos de 5% de toda a violência doméstica resulte em uma ficha criminal.

Essa violência assume muitas formas. A criança pode testemunhar a agressão da mãe pelo pai ou namorado. A criança pode ser vítima direta de violência, física ou emocional, praticada pelo pai, pela mãe ou até mesmo pelos irmãos mais velhos, mas nenhuma denúncia será feita na maioria das vezes.

A criança também pode se tornar vítima direta do homem adulto se tentar intervir e proteger a mãe ou o irmão. Embora todos eles causem violência física, elementos destrutivos adicionais dessa toxicidade intrafamiliar são a violência emocional, a humilhação, a coerção, a degradação e a ameaça de abandono.

A violência se desenrola nas mídias sociais e está em toda parte. Há acesso imediato à violência em tempo real e ao vivo nos noticiários da TV, em vídeos que circulam na internet mostrando brigas nas ruas e até mesmo imagens ao vivo de mortes de cidadãos e policiais. O acesso instantâneo via mídia social está disponível para todos nós, incluindo os olhos mais jovens.

Há evidências que sugerem que crianças pequenas têm mais dificuldade em distinguir fantasia de realidade. Isso se manifesta, por exemplo, quando assistem a um desenho animado na TV e acreditam que é uma realidade.

De acordo com a National Child Traumatic Stress Network (a Rede Nacional de Estresse Traumático Infantil dos Estados Unidos), "experimentar um evento traumático anterior não fortalece a criança; em vez disso, os efeitos se somam".[44] Isso significa que, à medida que as crianças testemunham repetidamente a violência, elas tendem a ter reações mais intensas a outro trauma. Para a criança que já está lidando com traumas em casa ou na escola, essas experiências se sobrepõem e podem afetar significativamente seu desenvolvimento.

Enquanto os pais não compreenderem seu real papel para um mundo mais humano, empático e harmonioso, estaremos remando contra a maré, porque a infância é a base da vida, e o que acontece nessa fase molda grande parte do adulto que seremos.

Sem conhecimento sobre o comportamento infantil e sem educação emocional, passaremos a vida replicando um padrão aprendido de maneira impulsiva e automática, principalmente baseada nas nossas emoções, e não em nossa razão.

Usar a razão para lidar com a emoção é a característica mais marcante que nos diferencia dos demais mamíferos, mas precisamos receber educação emocional para desenvolver essa importante habilidade. Sem ela, agiremos por impulso e, dominados por emoções como a raiva e a frustração, causaremos danos a nós mesmos e ao próximo.

Na leitura deste livro, o seu nível de consciência, autoconhecimento e conhecimento aumentou bastante, podendo trazer sentimentos e sensações guardados ou não vistos por muitos e muitos anos, mas também a possibilidade de um mergulho maior em sua história de vida.

Somos capazes de ressignificar, tratar e curar nossas feridas emocionais que podem estar impactando negativamente nossa vida de alguma forma. O mais importante aqui é termos a certeza de que existe um novo caminho a ser trilhado que nos leva ao amor, ao perdão e à compreensão de nossa humanidade e vulnerabilidade.

Somos seres errantes, falhos, mas com uma grande capacidade de aprender, modificar e evoluir. É por isso que podemos escolher nos curar e curar uns aos outros.

Saiba que, mesmo que não tenha vindo de uma família emocionalmente saudável, você pode mudar seus padrões para que filhos emocionalmente saudáveis venham de você.

Quebre o ciclo!

NOTAS DE FIM

1. AUTORITÁRIO. *In*: DICIONÁRIO Michaelis On-Line. Disponível em: https://michaelis.uol.com.br/moderno-portugues/busca/portugues-brasileiro/autoritário/. Acesso em: 8 nov. 2023.

2. EMOTION regulation. *In*: APA Dictionary of Psychology. Disponível em: https://dictionary.apa.org/emotion-regulation. Acesso em: 2 jan. 2024.

3. MIKOLAJCZAK, M. *et al*. Parental burnout: what is it, and why does it matter? **Clinical Psychological Science**, v. 7, n. 6, 2019. Disponível em: https://journals.sagepub.com/doi/abs/10.1177/2167702619858430. Acesso em: 8 nov. 2023.

4. MIKOLAJCZAK, M. *et al*. Is parental burnout distinct from job burnout and depressive symptoms? **Clinical Psychological Science**, v. 8, n. 4, 2020. Disponível em: https://journals.sagepub.com/doi/abs/10.1177/2167702620917447. Acesso em: 8 nov. 2023.

5. LIEBERMAN, M. D. *et al*. Putting feelings into words. **Psychological Science**, v. 18, n. 5, p. 421–428, 2007. Disponível em: https://journals.sagepub.com/doi/abs/10.1111/j.1467-9280.2007.01916.x#:~:text=The%20results%20indicated%20that%20affect,ventrolateral%20prefrontal%20cortex%20(RVLPFC).

6. PENNEBAKER, J. W. Writing about emotional experiences as a therapeutic process. **Psychological Science**, v. 8, n. 3, p. 162–166, 1997. Disponível em: https://journals.sagepub.com/doi/10.1111/j.1467-9280.1997.tb00403.x

7. ROBINSON, S. *et al*. Self-compassion and psychological distress in parents of young people and adults with intellectual and developmental disabilities. **Journal of Applied Research in Intellectual Disabilities**, v. 31, n. 3, p. 454–458, maio 2018. Disponível em: https://pubmed.ncbi.nlm.nih.gov/29119672/. Acesso em: 8 nov. 2023.

8. MITCHELL, A. *et al*. Feasibility and acceptability of a brief online self-compassion intervention for mothers of infants. **Archives of Women's Mental Health**, 17 mar. 2018. Disponível em: https://link.springer.com/article/10.1007/s00737-018-0829-y. Acesso em: 8 nov. 2023.

9. PEPPING, C. A. *et al*. Individual differences in self-compassion: the role of attachment and experiences of parenting in childhood. **Self and Identity**: The Journal of the International Society for Self and Identity, v. 14, n. 1, p. 104–117, 2015. Disponível em: https://research-repository.griffith.edu.au/handle/10072/125000. Acesso em: 3 jan. 2024.

10. GAVIOLI, A. Jovens brasileiros são os que mais utilizam aparelhos eletrônicos no mundo. **Exame**, 13 maio 2022. Disponível em: https://exame.com/carreira/jovens-brasileiros-sao-os-que-mais-utilizam-aparelhos-eletronicos-no-mundo/. Acesso em: 8 nov. 2023.

11. DESMURGET, M. **Screen damage**: the dangers of digital media for children. Reino Unido: Polity, 2022.

12. LEMBKE, A. **Nação dopamina**: por que o excesso de prazer está nos deixando infelizes e o que podemos fazer para mudar. São Paulo: Vestígio, 2022.

13. VOLKOW, N. D. *et al.* Addiction: Decreased reward sensitivity and increased expectation sensitivity conspire to overwhelm the brain's control circuit. **BioEssays**, v. 32, n. 9, p. 748–755, 2010. Disponível em: https://www.ncbi.nlm.nih.gov/pmc/articles/PMC2948245/. Acesso em: 3 jan. 2024.

14. LAURICELLA, A. R. *et al.* **The Common Sense census**: plugged-in parents of tweens and teens in America, 2016. San Francisco: Common Sense Media, 2016. Disponível em: https://www.icpsr.umich.edu/web/ICPSR/studies/38152/summary. Acesso em: 3 jan. 2024.

15. AMERICAN ACADEMY OF CHILD & ADOLESCENT PSYCHIATRY. Screen time and children. **American Academy of Child & Adolescent Psychiatry**, fev. 2020. Disponível em: https://www.aacap.org/AACAP/Families_and_Youth/Facts_for_Families/FFF-Guide/Children-And-Watching-TV-054.aspx#. Acesso em: 3 jan. 2024.

16. ABRAHÃO, T. **Por trás das birras**: compreenda a neurociência por trás das "birras" e saiba como agir nesses momentos desafiadores. E-book, 2022.

17. AMERICAN ACADEMY OF CHILD & ADOLESCENT PSYCHIATRY. *op cit.*

18. Referências para o capítulo: MIKULINCER, M. *et al.* Attachment, caregiving, and altruism: boosting attachment security increases compassion and helping. **Journal of Personality and Social Psychology**, v. 89, n. 5, p. 817–839, 2005; ASTINGTON, J. W.; DACK, L. A. Theory of mind. *In*: HAITH, M. M., BENSON, J. B. (ed.). **Encyclopedia of infant and early childhood development**. San Diego: Academic Press, 2008. v. 3. p. 343–356; SZALAVITZ, M.; PERRY, B. D. **Born for love**: why empathy is essential – and endangered. Nova York: William Morrow, 2010.

19. CALIFORNIA DEPARTMENT OF EDUCATION. **Infant/toddler learning & development foundations**. Sacramento: California Department of Education, 2009.

20. Referência para o capítulo: MOORE, S. Positive Parenting. Want more positive outcomes in life? Give yourself (and your kids) a coherent narrative. **Dandelion Seeds**, 6 ago. 2021. Disponível em: https://dandelion-seeds.com/positive-parenting/coherent-narrative/. Acesso em: 8 nov. 2023.

21. KOCHANSKA, G. Mutually responsive orientation between mothers and their young children: a context for the early development of conscience. **Current Directions in Psychological Science**, v. 11, n. 6, p. 191–195, 2002. Disponível em: https://journals.sagepub.com/doi/10.1111/1467-8721.00198. Acesso em: 4 jan. 2024.

22. VAN DER KOLK, B. **O corpo guarda as marcas**: cérebro, mente e corpo na cura do trauma. Trad. Donaldson M. Garschagen. Rio de Janeiro: Sextante, 2022.

23 HUGHES, D. A.; BAYLIN, J. **Brain-based parenting**: the neuroscience of caregiving for healthy attachment (Norton Series on Interpersonal Neurobiology). Nova York: W. W. Norton Co., 2012.

24 CALIFORNIA DEPARTMENT OF EDUCATION. **Infant/toddler learning & development foundations**. Sacramento: California Department of Education, 2009.

25 HUGHES, D. A.; BAYLIN, J. **Brain-based parenting**: the neuroscience of caregiving for healthy attachment (Norton Series on Interpersonal Neurobiology). Nova York: W. W. Norton Co., 2012.

26 PECK, M. S. **A trilha menos percorrida**: uma nova visão da psicologia sobre o amor, os valores tradicionais e o crescimento espiritual. Rio de Janeiro: Nova Era, 1995.

27 FABER, A.; MAZLISH, E. **Siblings without rivalry**: how to help your children live together so you can live too. Londres: W. W. Norton & Company, 2012.

28 LEWIS, M.; SAARNI, C. **Lying and deception in everyday life**. Nova York: The Guilford Press, 1993.

29 ARIELY, D. **The honest truth about dishonesty**: how we lie to everyone – especially ourselves. Nova York: HarperCollins, 2012.

30 NUWER, R. Sem mentiras, o que aconteceria com as relações sociais? **BBC**, 26 maio 2019. Disponível em: https://www.bbc.com/portuguese/vert-fut-47941465. Acesso em: 8 jan. 2024.

31 NUWER, R. What if we knew when people were lying? **BBC**, 25 mar. 2019. Disponível em: https://www.bbc.com/future/article/20190324-what-if-we-knew-when-people-were-lying. Acesso em: 21 dez. 2023.

32 GUTHRIE, J.; KUNKEL, A. Tell me sweet (and not-so-sweet) little lies: deception in romantic relationships. **Communication Studies**, v. 64, n. 2, 2013, p. 141–157.

33 NUWER, R. *op. cit.*

34 EKMAN, P. Why do people lie? **Paul Ekman Group**. Disponível em: https://www.paulekman.com/blog/why-do-people-lie-motives/. Acesso em: 21 dez. 2023.

35 AMERICAN PSYCHOLOGICAL ASSOCIATION. Lying less linked to better health, new research finds. **American Psychological Association**, 4 ago. 2012. Disponível em: https://www.apa.org/news/press/releases/2012/08/lying-less. Acesso em: 21 dez. 2023.

36 KWONG, M. J. *et al*. The intergenerational transmission of relationship violence. **Journal of Family Psychology**, v. 17, n. 3, p. 288–301, 2003. Disponível em: https://pubmed.ncbi.nlm.nih.gov/14562454/. Acesso em: 9 jan. 2024.

37 MOUZOS, J.; MAKKAI, T. **Women's experiences of male violence**: findings from the Australian component of the International Violence Against Women Survey (IVAWS). Canberra: Australian Institute of Criminology, 2004.

38 WIDOM, C. S. Long-term impact of childhood abuse and neglect on crime and violence. **Clinical Psychology: Science and Practice**, v. 24, n. 2, p. 186–202, 2017. Disponível em: https://onlinelibrary.wiley.com/doi/abs/10.1111/cpsp.12194. Acesso em: 9 jan. 2024.

39 GREENE, C. A. *et al.* Intergenerational effects of childhood maltreatment: A systematic review of the parenting practices of adult survivors of childhood abuse, neglect, and violence. **Clinical Psychology Review**, v. 80, n. 101891, 2020. Disponível em: https://pubmed.ncbi.nlm.nih.gov/32745835/. Acesso em: 9 jan. 2024.

40 WOLFF, N.; SHI, J. Childhood and adult trauma experiences of incarcerated persons and their relationship to adult behavioral health problems and treatment. **International Journal of Environmental Research and Public Health**, v. 9, n. 5, p. 1908–1926, 2012. Disponível em: https://pubmed.ncbi.nlm.nih.gov/22754481/. Acesso em: 9 jan. 2024.

41 FREEZE, C. Adverse childhood experiences and crime. **Law Enforcement Bulletin**, 9 abr. 2019. Disponível em: https://leb.fbi.gov/articles/featured-articles/adverse-childhood-experiences-and-crime#. Acesso em: 21 dez. 2023.

42 JACKSON, D. B. *et al.* Adverse childhood experiences and adolescent delinquency: a theoretically informed investigation of mediators during middle childhood. **International Journal of Environmental Research and Public Health**, v. 20, n. 4, p. 3202, 2023. Disponível em: https://pubmed.ncbi.nlm.nih.gov/36833897/. Acesso em: 9 jan. 2024.

43 KHOURY, L. *et al.* Substance use, childhood traumatic experience, and posttraumatic stress disorder in an urban civilian population. **Depress Anxiety**, v. 27, n. 12, p. 1077–1086, 2010.

44 GERRITY, E.; FOLCARELLI, C. **Child traumatic stress**: what every policymaker should know. A guide from the national child traumatic stress network. EUA: National Child Traumatic Stress Network, 2008.

BIBLIOGRAFIA

ABRAHÃO, T. **Por trás das birras**: compreenda a neurociência por trás das "birras" e saiba como agir nesses momentos desafiadores. E-book, 2022.

ABRAHÃO, T. **A dor da maternidade** – Uma conversa sincera que toda mãe gostaria de ter. Leituras Rápidas. E-book, 2023.

AMERICAN ACADEMY OF CHILD & ADOLESCENT PSYCHIATRY. Screen time and children. **American Academy of Child & Adolescent Psychiatry**, fev. 2020. Disponível em: https://www.aacap.org/AACAP/Families_and_Youth/Facts_for_Families/FFF-Guide/Children-And-Watching-TV-054.aspx#. Acesso em: 3 jan. 2024.

AMERICAN PSYCHOLOGICAL ASSOCIATION. Lying less linked to better health, new research finds. **American Psychological Association**, 4 ago. 2012. Disponível em: https://www.apa.org/news/press/releases/2012/08/lying-less. Acesso em: 21 dez. 2023.

ARIELY, D. **The honest truth about dishonesty**: how we lie to everyone – especially ourselves. Nova York: HarperCollins, 2012.

ASTINGTON, J. W.; DACK, L. A. Theory of mind. *In:* HAITH, M. M., BENSON, J. B. (ed.). **Encyclopedia of infant and early childhood development**. San Diego: Academic Press, 2008. v. 3. p. 343–356.

AUTORITÁRIO. *In*: DICIONÁRIO Michaelis On-Line. Disponível em: https://michaelis.uol.com.br/moderno-portugues/busca/portugues-brasileiro/autoritário/. Acesso em: 8 nov. 2023.

CALIFORNIA DEPARTMENT OF EDUCATION. **Infant/toddler learning & development foundations**. Sacramento: California Department of Education, 2009.

DELAHOOKE, M. **Beyond behaviors**: using brain science and compassion to understand and solve children's behavioral challenges. Eau Claire: Pesi, 2019.

DESMURGET, M. **Screen damage**: the dangers of digital media for children. Reino Unido: Polity, 2022.

DREIKURS, R; STOLZ, V. **Children**: the challenge: the classic work on improving parent-child relations – intelligent, humane & eminently practical. Nova York: Plume, 1991.

EKMAN, P. Why do people lie? **Paul Ekman Group**. Disponível em: https://www.paulekman.com/blog/why-do-people-lie-motives/. Acesso em: 21 dez. 2023.

EMOTION REGULATION. *In*: APA Dictionary of Psychology. Disponível em: https://dictionary.apa.org/emotion-regulation. Acesso em: 2 jan. 2024.

FABER, A.; MAZLISH, E. **Siblings without rivalry**: how to help your children live together so you can live too. Londres: W. W. Norton & Company, 2012.

FREEZE, C. Adverse childhood experiences and crime. **Law Enforcement Bulletin**, 9 abr. 2019. Disponível em: https://leb.fbi.gov/articles/featured-articles/adverse-childhood-experiences-and-crime#. Acesso em: 21 dez. 2023.

GAVIOLI, A. Jovens brasileiros são os que mais utilizam aparelhos eletrônicos no mundo. **Exame**, 13 maio 2022. Disponível em: https://exame.com/carreira/jovens-brasileiros-sao-os-que-mais-utilizam-aparelhos-eletronicos-no-mundo/. Acesso em: 8 nov. 2023.

GERRITY, E.; FOLCARELLI, C. **Child traumatic stress**: what every policymaker should know. A guide from the national child traumatic stress network. EUA: National Child Traumatic Stress Network, 2008.

GREENE, C. A. *et al*. Intergenerational effects of childhood maltreatment: A systematic review of the parenting practices of adult survivors of childhood abuse, neglect, and violence. **Clinical Psychology Review**, v. 80, n. 101891, 2020. Disponível em: https://pubmed.ncbi.nlm.nih.gov/32745835/. Acesso em: 9 jan. 2024.

GUTHRIE, J.; KUNKEL, A. Tell me sweet (and not-so-sweet) little lies: deception in romantic relationships. **Communication Studies**, v. 64, n. 2, 2013, p. 141–157.

HERSHBERG, R. S. **The tantrum survival guide**: tune in to your toddler's mind (and your own) to calm the craziness and make family fun again. Nova York: The Guilford Press, 2018.

HUGHES, D. A.; BAYLIN, J. **Brain-based parenting**: the neuroscience of caregiving for healthy attachment (Norton Series on Interpersonal Neurobiology). Nova York: W. W. Norton Co., 2012.

JACKSON, D. *et al*. Adverse Childhood Experiences and Adolescent Delinquency: A Theoretically Informed Investigation of Mediators during Middle Childhood. **International Journal of Environmental Research and Public Health**, v. 20, n. 4, p. 3202, 2023. Disponível em: https://pubmed.ncbi.nlm.nih.gov/36833897/. Acesso em: 9 jan. 2024.

JUUL, J. **Your competent child**: toward a new paradigm in parenting and education. Bloomington: Balboa Press, 2011.

KHOURY, L. *et al*. Substance use, childhood traumatic experience, and posttraumatic stress disorder in an urban civilian population. **Depress Anxiety**, v. 27, n. 12, p. 1077––1086, 2010.

KOCHANSKA, G. Mutually responsive orientation between mothers and their young children: a context for the early development of conscience. **Current Directions in Psychological Science**, v. 11, n. 6, p. 191–195, 2002. Disponível em: https://journals.sagepub.com/doi/10.1111/1467-8721.00198. Acesso em: 4 jan. 2024.

KWONG, M. J. *et al*. The intergenerational transmission of relationship violence. **Journal of Family Psychology**, v. 17, n. 3, p. 288–301, 2003. Disponível em: https://pubmed.ncbi.nlm.nih.gov/14562454/. Acesso em: 9 jan. 2024.

LANSBURY, J. **No bad kids**: toddler discipline without shame. [S.l.]: JLML Press, 2014.

LAURICELLA, A. R. *et al*. **The Common Sense census**: plugged-in parents of tweens and teens in America, 2016. San Francisco: Common Sense Media, 2016. Disponível em: https://www.icpsr.umich.edu/web/ICPSR/studies/38152/summary. Acesso em: 3 jan. 2024.

LAVINE, P. A.; KLINE, M. **Trauma-proofing your kids**: a parents' guide for instilling confidence, joy and resilience. Berkeley: North Atlantic Books, 2008.

LEMBKE, A. **Nação dopamina**: por que o excesso de prazer está nos deixando infelizes e o que podemos fazer para mudar. São Paulo: Vestígio, 2022.

LEWIS, M.; SAARNI, C. **Lying and deception in everyday life**. Nova York: The Guilford Press, 1993.

LIEBERMAN, M. D. *et al*. Putting feelings into words. **Psychological Science**, v. 18, n. 5, p. 421–428, 2007. Disponível em: https://journals.sagepub.com/doi/abs/10.1111/j.1467-9280.2007.01916.x#:~:text=The%20results%20indicated%20that%20affect,ventrolateral%20prefrontal%20cortex%20(RVLPFC).

McCREADY, Amy. **The "Me, Me, Me" Epidemic:** A Step-by-Step Guide to Raising Capable, Grateful Kids in an Over-Entitled World. Nova York: TarcherPerigee, 2016.

MIKOLAJCZAK, M. *et al*. Parental burnout: what is it, and why does it matter? **Clinical Psychological Science**, v. 7, n. 6, 2019. Disponível em: https://journals.sagepub.com/doi/abs/10.1177/2167702619858430. Acesso em: 8 nov. 2023.

MIKULINCER, M. *et al*. Attachment, caregiving, and altruism: boosting attachment security increases compassion and helping. **Journal of Personality and Social Psychology**, v. 89, n. 5, p. 817–839, 2005.

MITCHELL, A. *et al*. Feasibility and acceptability of a brief online self-compassion intervention for mothers of infants. **Archives of Women's Mental Health**, 17 mar. 2018. Disponível em: https://link.springer.com/article/10.1007/s00737-018-0829-y. Acesso em: 8 nov. 2023.

MOORE, S. Positive Parenting. Want more positive outcomes in life? Give yourself (and your kids) a coherent narrative. **Dandelion Seeds**, 6 ago. 2021. Disponível em: https://dandelion-seeds.com/positive-parenting/coherent-narrative/. Acesso em: 8 nov. 2023.

MOUZOS, J; MAKKAI, T. **Women's experiences of male violence**: findings from the Australian component of the International Violence Against Women Survey (IVAWS). Canberra: Australian Institute of Criminology, 2004.

NEFF, K. **Self-compassion**: the proven power of being kind to yourself. Nova York: William Morrow Paperbacks, 2015.

NELSEN, J.; TAMBORSKI, M. N.; AINGE, B. **Positive discipline parenting tools**: the 49 most effective methods to stop power struggles, build communication, and raise empowered, capable kids. Nova York: Harmony, 2016.

NUWER, R. Sem mentiras, o que aconteceria com as relações sociais? **BBC**, 26 maio 2019. Disponível em: https://www.bbc.com/portuguese/vert-fut-47941465. Acesso em: 8 jan. 2024.

NUWER, R. What if we knew when people were lying? **BBC**, 25 mar. 2019. Disponível em: https://www.bbc.com/future/article/20190324-what-if-we-knew-when-people-were-lying. Acesso em: 21 dez. 2023.

PENNEBAKER, J. W. Writing about emotional experiences as a therapeutic process. **Psychological Science**, v. 8, n. 3, p. 162–166, 1997. https://journals.sagepub.com/doi/10.1111/j.1467-9280.1997.tb00403.x

PEPPING, C. A. *et al*. Individual differences in self compassion: the role of attachment and experiences of parenting in childhood. **Self and Identity**, n. 14, v. 1, p. 104–117, 2015. Disponível em: https://research-repository.griffith.edu.au/handle/10072/125000. Acesso em: 3 jan. 2024.

ROBINSON, S. *et al*. Self-compassion and psychological distress in parents of young people and adults with intellectual and developmental disabilities. **Journal of Applied Research in Intellectual Disabilities**, v. 31, n. 3, p. 454–458, maio 2018. Disponível em: https://pubmed.ncbi.nlm.nih.gov/29119672/. Acesso em: 8 nov. 2023.

ROSENBERG, M. **Vivendo a comunicação não violenta**: como estabelecer conexões sinceras e resolver conflitos de forma pacífica e eficaz. Trad. Beatriz Medina. Rio de Janeiro: Sextante, 2018.

SIEGEL, D. **O cérebro da criança**: 12 estratégias revolucionárias para nutrir a mente em desenvolvimento do seu filho e ajudar sua família a prosperar. Trad. Cássia Zanon. São Paulo: nVersos, 2015.

SZALAVITZ, M.; PERRY, B. D. **Born for love**: why empathy is essential – and endangered. Nova York: William Morrow, 2010.

TSABARY, S. **The conscious parent**. Vancouver: Namaste Publishing Inc., 2010.

VAN DER KOLK, Bessel. **O corpo guarda as marcas**: cérebro, mente e corpo na cura do trauma. Trad. Donaldson M. Garschagen. Rio de Janeiro: Sextante, 2022.

VOLKOW, N. D. *et al*. Addiction: Decreased reward sensitivity and increased expectation sensitivity conspire to overwhelm the brain's control circuit. **BioEssays**, v. 32, n. 9, p. 748–755, 2010. Disponível em: https://www.ncbi.nlm.nih.gov/pmc/articles/PMC2948245/. Acesso em: 3 jan. 2024.

WIDOM, C. S. Long-term impact of childhood abuse and neglect on crime and violence. **Clinical Psychology: Science and Practice**, v. 24, n. 2, p. 186–202, 2017. Disponível em: https://onlinelibrary.wiley.com/doi/abs/10.1111/cpsp.12194. Acesso em: 9 jan. 2024.

WOLFF, N.; SHI, J. Childhood and adult trauma experiences of incarcerated persons and their relationship to adult behavioral health problems and treatment. **International Journal of Environmental Research and Public Health**, v. 9, n. 5, p. 1908–1926, 2012. Disponível em: https://pubmed.ncbi.nlm.nih.gov/22754481/. Acesso em: 9 jan. 2024.

**Acreditamos
nos livros**

Este livro foi composto em Nunito Sans
e impresso pela Lis Gráfica para a Editora
Planeta do Brasil em maio de 2024.